管理研究

2018 年第 1 辑

邓大松　向运华　主编

责任编辑：肖丽敏
责任校对：张志文
责任印制：陈晓川

图书在版编目（CIP）数据

管理研究.2018年.第1辑./邓大松，向运华主编.—北京：中国金融出版社，2018.12
ISBN 978-7-5049-9893-4

Ⅰ.①管…　Ⅱ.①邓…②向　Ⅲ.①管理学—研究　Ⅳ.①C93

中国版本图书馆CIP数据核字（2018）第274634号

管理研究（Guanli Yanjui）

出版发行　中国金融出版社
社址　北京市丰台区益泽路2号
市场开发部　(010)63266347，63805472，63439533（传真）
网上书店　http://www.chinafph.com
　　　　　(010)63286832，63365686（传真）
读者服务部　(010)66070833，62568380
邮编　100071
经销　新华书店
印刷　北京市松源印刷有限公司
尺寸　169毫米×239毫米
印张　5.75
字数　80千
版次　2018年12月第1版
印次　2018年12月第1次印刷
定价　30.00元
ISBN 978-7-5049-9893-4
如出现印装错误本社负责调换　联系电话（010）63263947

编委会

（按拼音排序）

目　录

○○○ contents

跨域生态治理中政府“不合作”现象分析及完善路径

◎何　玮　曾晓彬

中共广东省委党校行政学教研部，广东广州，510053

摘　要：政府合作关系的建立不仅受制度政策、分配机制等顶层设计的影响，还与政府心理动机、行为机理等密切相关。随着“一体化”进程的不断推进，地方政府合作更深层立体，合作方式也更趋于多样化。有别于其他政府合作，区域生态协同治理具有环境治理整体性和行政区划分割性的特点，在合作过程中政府的行为和利益结构等因素在一定程度上决定了政府是否具备合作意愿。充分揭露政府在生态治理过程中选择“不合作”策略的表现，分析其影响因素，可以为跨域生态治理寻求科学有效的途径。研究发现，治理成本、政府政绩理念、利益分配机制对政府合作意愿、合作行为会产生不同影响。因此，在区域协同发展背景下，要不断提高政府在跨域生态治理中的合作意愿，需降低合作交易成本、规范利益分配、完善补偿机制、规范政府官员的行为。

关键词：生态治理　“不合作”行为　政府合作意愿　治理成本

区域政府治理，是指处于一定区域内的两个或两个以上为促进区域发展而寻求相互协调和合作、对公共事务进行综合治理的政府集合体，实现区域公共利益的过程。① 而跨域生态治理的主体是各级地方政府，基于行政区条块分割的特点，作为独立个体的地方政府之间始终处于既合作又竞争的博弈状态。不同政府的理念、利益、行为及其对治理的“认知”等因素都在很大程度上主导着政府治理的效果。

经济的持续快速发展和人民对美好生活的热切渴望，迫使区域地方政府主动加强治理能力、制定合理有效的发展战略及协调政府间的横向关系。政府是否具有协同合作治理的意愿与意识，是区域政府合作产生的基础与前提，但就目前我国跨域生态治理研究领域而言，对研究政府合作意愿的研究尚未形成体系。因此，以政府横向生态治理的意愿与效果为研究导向，分析区域生态治理合作机制的执行困境与培育机制建设，将是今后政府合作研究领域的新兴问题。

一、生态协同治理过程中的政府“不合作”现象

我国在生态治理层面存在非常突出的行政辖区纠纷问题，而环境污染的外部性与我国行政区域条块分割之间的矛盾则是问题的根源。在缺乏整体统筹和有效监管的情况下，地方政府倾向于选择“搭便车”或将不易监测的环境污染“转嫁”到其他地区，抑或是选择“事不关己”“各扫门前雪”的“封闭治理策略”，这些现象的存在是个体理性与集体理性相冲突所产生的环境治理困境，并且进一步加剧了污染问题的复杂性。

（一）节约治理成本的“转嫁危机”现象

横向政府在区域环境治理中利益竞争关系错综复杂，财政资源和绩效考评等因素都会导致横向政府间出现“恶性竞争”，在生态治理层面则表现为对“转移危机”策略的选择，为本地区的短期利益而置整体利益、长远利益于不顾。在我国经济建设过程中，政府间“危机转嫁”“污染转移”的案例并不少见，主要表现为城市向乡村的污染排放和发达地区向落后地区的污染转移。政府决策层过于注重经济绩效，为政绩而选择牺牲生态效益，

① 杜薇．跨界水污染的府际协同治理机制研究综述［J］．湖南财政经济学院学报，2015（10）：138－146.

往往会降低环保要求以引进更多的企业，而这些企业并未能达到环保排放的标准，也因此加剧了“先污染后治理”“先污染不治理”现象的发生。“污染转嫁”对流域生态环境的影响极其恶劣，由于落后地区多处于河流的上游，由富裕地区向落后地区转移的高污染企业一旦对当地水源生态形成污染，将会对整个流域环境造成不可修复的破坏，这一点在我国西部大开发建设中表现得尤为明显。在由东部富裕地区转移到西部地区的部分企业中，就包含着大量的高污染风险企业，若不加以加以严格的资格审查与完善的制度管理，将会对整个国家的流域生态环境都产生影响。我国近十年发生的多次严重水污染事件，都是由于当地政府放宽环保标准、疏于监管所致。

（二）追求短期效益的“掩盖危机”现象

曼库尔·奥尔森的“集体行动”困境理论表明，地方政府出于地区利益的考虑，倾向于采取“不合作”“搭便车”等行为策略以增加短期收益。而生态治理的系统性、整体性与我国现行权力体系块状分布、地区利益优先之间的矛盾，容易催生生态治理层面的权力真空状态和治理盲区，并进一步导致地方政府选择“欺诈”或“掩盖问题”的策略以减少在生态层面的财政投入，维持表面上良好的政绩。2010 年发生在福建的紫金矿业铜酸水渗漏事故便是典型的“掩盖危机”案例。9100 立方米的污水流入汀江，导致汀江部分河段污染及大量网箱养鱼死亡。渗漏发生后，企业和当地政府没有采取及时的补救措施，而是通过隐瞒、欺骗等方式掩盖了严重污染渗漏的事实，直至废水渗漏发生的第九天，相关人员才对外发布信息，但已经错过了最佳的补救时机。

（三）保护地方利益的“封闭式治理”现象

统筹区域发展战略作为一项促进政府合作、节约发展成本的国家重大战略举措，在生态治理层面具有卓越的指导意义。区域生态治理具有区域性、公共物品属性，同时也具有“外溢性”，但不同政府间存在价值与利益偏差，并且治理能力有限，难以承担大范围流域治理所需要的财政投入，在此情况下容易导致“封闭式治理”现象的出现，地方政府采取“事不关己”“各扫门前雪”的“不合作”策略。在湘江流域水污染治理前期，由于缺乏整体统筹与约束性规定，地方政府各自为营，单独承担流域治理任务，致使地方保护主义泛滥，更无法改善生态现状。同样的情况在长三角城市群环境治理中也存在，地处长三角平原地带的杭州、湖州、嘉兴、绍兴四市经济实力强劲，辖区内水网密布、河道纵横交错，形成了紧密联系的环境共同体。但是 1999 年国家环保总局在江浙沪三地实施的“零点行动”却导致该地区环境治理的分割与恶化。环境行政管理体制要求本地政府只对本地环境负责，城市群中的各区政府为了提升经济发展水平、减少环保支出，大肆发展高污染企业并推卸自身的环保责任，导致长三角南翼城市群内部环境污染纠纷频发，加剧了城市群内部的不信任，最终成为了该区域经济发展的桎梏与阻碍。

（四）政府各自为政的“信息孤岛”现象

“信息孤岛”原意指功能上不能实现关联互助、信息不能共享互换，以及信息与应用业务脱节的计算机应用系统。将此概念引入管理层面，指数据信息分散在不同的管理主体上，无法实现信息的整合与共享。① 在生态治理中，信息的分散、孤立和交换受阻会导致相关信息发布、策略制定、物资分配难以得到有效落实。生态治理的时效性强，一旦错过最佳治理时间，污染问题就会急剧恶化。横向政府因利益冲突而采取“信息封锁”“信息孤立”，区域内其他利害方也就难以及时获取有效信息，无法对治理现状和策略选择作出正确判断。2012 年 12 月 31 日，山西省长治市发生苯胺泄漏入河事件。事件发生后当地政府并没有及时将信息上报省政府，直至 2013 年 1 月 5 日，山西省政府才接到事故报告并通知流域内的其他地方政府，但此时的泄漏苯胺已随河水流出省外，给山西、河北、河南多个城市造成严重的水污染并引发居民的恐慌。

二、生态协同治理中政府“不合作”行为原因分析

作为“理性人”的地方政府在合作策略选择上都有“自利”倾向，治理成本、治理带来的绩效、政府合作的规模、合作规章的制定是否具有约束性等条

① 胡世全．重大自然灾害中的“信息孤岛”现象研究——以“5·12”四川汶川特大地震为例［J］．南昌高专学报，2008（5）．

件对政府在生态治理上的策略选择至关重要。地方政府在区域治理中选择“不合作策略”主要受合作意愿、治理成本、合作利益等因素的影响。

（一）政府对生态效益的关注度影响合作治理意愿

1. 绩效考评制度导致政府政策重心偏移

现行的地方政府官员绩效考核制度偏重于经济发展规模和财政收入，对于环境保护和生态建设的指标考核则相对含糊。在此背景下，各地市政府政策重心必然向经济发展层面倾斜，放宽环保市场准入标准，也加剧了生态环保压力。经济建设的高额收益和环境保护的长期付出，导致政府对生态治理的关注度低，同时也降低合作治理的意愿。影响政府合作的最重要一环便是政府合作意愿的高低，因为意愿是合作产生的前提，政府在生态治理层面若不能形成共同的生态价值观和生态治理理念，则政府间的合作就会因为价值取向的偏差而失败。即使在合作开展以后，政府在资源投入上也会受自身理念、治理成本、绝对收益、相对收益等因素的影响，综合考量在一定规则下的政府实际支出和分配收益的先验基准，进而提升或降低合作意愿，甚至部分地选择非合作战略，最终导致合作破裂。

2. 对生态保护与经济建设的内在联系认识不清晰

协议性分工理论认为，区域合作更容易发生在经济发展水平相当的地区。不同地区受经济发展水平、治理能力发展、自然资源多寡、环境承载力等因素影响，往往会采取不同的生态保护策略，彼此缺乏信任。随着跨界生态问题的增多，尤其是“上游污染，下游治理”的情况，加剧了地区之间尤其是流域之间的环境紧张关系。我国目前已出现产业转移的趋势。发达地区将落后地区作为高污染产能的嫁接地，在这个过程中也把污染转移到其他地区。因此，在生态协同治理的过程中必须兼顾不同地区的利益，结合不同地区的治理成本和合作收益，综合考虑区域合作治理中的资源配置问题，帮助治理能力相对较弱的地方政府尽可能缩小地区间的差距。

（二）生态治理成本高低影响政府合作意愿

1. 合作产生的交易成本与合作意愿呈反比关系

生态问题具有整体性特点，需要区域内各地方政府协同合作。地方政府利益结构和利益视角不同，行为模式也相对“理性”，合作过程中地方政府获得的收益与交易成本的大小会对政府的合作意愿产生影响，并产生“讨价还价”的行为。

一般情况下，区域合作中的交易成本主要由信息成本、谈判成本、执行成本和代理成本组成。[①] 假设 A1、A2、A3 是受污染流域流经的三个地区（三地受污染情况相同），其中政府治理能力和经济发展水平相近的是 A1 和 A2，A1 和 A3 的治理能力差距最大。为方便观察，将模型做简化处理，假设这三个地方政府都只有两种职能，包括 C1（经济建设职能）和 C2（生态治理职能）。此外，政府处理事务的成本是不同的，即动用的社会资源或者政府资源不同，具体情况见表 1。

表 1　　政府执行成本

地区名称	政府执行成本	
	C1	C2
地区 A1	X	2X
地区 A2	1. 5X	1. 5X
地区 A3	3X	2. 5X

注：X 为单个单位成本。

表 1 表明，地区 A1 在 C1 领域的治理能力，治理过程中的执行成本只有 1 个单位，而地区 A2 在 C2 领域的执行成本最低，为 1. 5X 个单位成本。若仅不选择合作，那么 A1、A2 地区在 C1 和 C2 的治理的总成本为 6X 个单位成本。而通过合作协同治理，那么两个地方政府的合作总成本则为 5X 个单位成本，小于“不合作”产生的成本。此外，虽然 A3 地区的治理能力明显低于另外两个地区，但也可以通过选择合作策略的方式降低治理成本，即在 C1 领域选择与 A1 合作，在 C2 领域选择与 A2 合作。因此，我们得知，当生态协同治理所产生的执行成本低于仅依靠地方政府自身治理的成本时，政府的合作意愿就会产生。此外，就交易成本而言，若不考虑其他因素，合作产生的

① 蔡岚 . 缓解地方政府合作困境的合作治理框架构想——以长株潭公交一体化为例［J］. 公共管理学报，2010（4）：38.

交易成本与合作意愿呈反比关系，合作产生的交易成本越高则合作意愿越低。

2. 区域治理的规模影响交易成本的支出

根据新古典经济理论，可将交易费用分为外生交易成本和内生交易成本，其中，外生交易成本是指交易过程中直接或间接产生的交易成本，而内生交易成本则是指市场均衡与“帕累托最优”之间的差别。①

科斯（1937）、威廉姆森（1989）等建构的治理模型显示，组织会在这两种交易成本间寻求最佳规模，针对地方政府该如何权衡自主发展和区域合作发展的问题，区域合作选择模型也将是最优决策模型。② 区域规模的大小会对单个地方政府的交易成本产生直接影响，区域治理规模扩大，则内生交易成本（由内部协调与管理产生）也相应扩大，外生交易成本（由市场交易产生）降低，因此地方政府需要在其中寻找交易成本的最优均衡模式。这种最优均衡模式指的是内生交易成本与外生交易成本相等时的区域规模。因此，当合作机会来临时，地方政府需要就自主发展、合作发展以及建立多大规模的合作协议进行评估和决策。

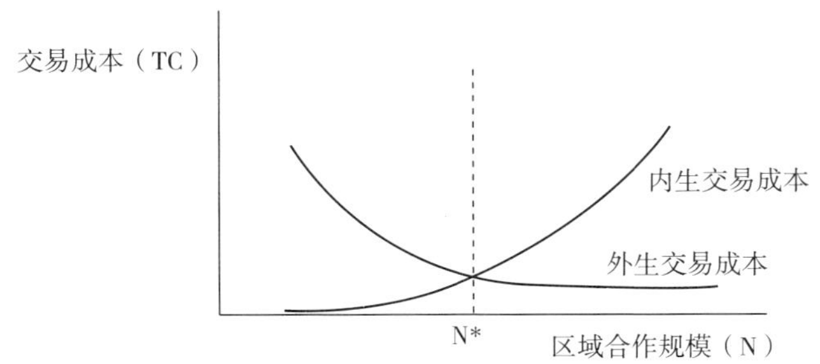

图1　区域合作选择模型

（三）协同治理机制缺失使合作利益无保障

1. 缺乏合理的利益分配机制

博弈所带来的收益决定博弈主体博弈策略的选择，而要打破生态治理

① 杨小凯．经济学——新古典与新兴古典框架［M］．北京：社会科学文献出版社，2003.

② 锁利铭．我国地方政府区域合作模型研究——基于制度分析视角［J］．经济体制改革，2014（3）：25－29.

中政府“不合作”“不执行”的格局，就必须对这场博弈局中主体不合作的博弈策略进行重新塑造，充分考虑博弈的形式和内容，建立稳定的政府合作博弈收益结构。收益对政府合作的意愿有重要影响，尤其是相对收益。除此之外，地方政府对于合作收益的敏感程度也是合作意愿的重要影响因素。美国学者格里科曾提出相对收益的国家效益公式：$U = V - k(W - V)$ $(k>0)$，其中 U 代表国家效益，V 代表绝对收益，W 代表合作者的收益，k 代表本国对合作报偿的敏感系数，正常情况下，k 值是永远大于0，而当合作者收益值一定时，k 值越大，本国的收益越小，而合作敏感程度对合作的长久进行有较大影响。①大气和水污染治理等环境问题，因其覆盖范围广，必须通过合作的方式解决。环境合作治理的绝对收益可以概括为两点：第一，减少区域生态危害；第二，应对环境恶化威胁的绿色经济发展带来的经济效益。收益的敏感度还表现为各合作主体对其他合作方收益的关注，当合作各方收益悬殊时，收益分配无法协调，合作关系便难以为继。

2. 环境补偿机制不完善

生态协调治理常出现“邻避现象”，造成地方政府之间的利益冲突。②若没有明确的约束机制、权威的协调机构、合理的利益分配制度以及多领域、全方位的生态治理合作平台，持久稳定的合作治理格局也就无从谈起。目前我国生态合作治理短板明显：在合作规范建设上，相应规范性文件以及配套设施尚不完善，在区域治理中没有形成普遍约束力；在管理机构建设上，缺乏有效的协调机构处理纠纷和矛盾并协调各主体间的利益，环境补偿机制也未能落实；在参与主体上，目前还是以政府为主导，其他社会组织和企业未能发挥其作用；在生态合作治理理念的培育上，受目前绩效考核制度不完善，生态治理价值观培育相对较少的影响，政府官员对于生态治理的关注度偏低。上述问题是地方政府在区域生态治理过程中选择“不合作”“部分合作”“伪合作”策略的重要原因，若问题不解决，则综

① Joseph M. Grieco, “Realist Theory and the Problem of International Cooperation: Analysis with an Amended Prisoner's Dilemma Model” [J]. The Journal of Politics, 1988 (2): 610-612.

② 林水波，李长晏．跨域治理［M］．台北：五南出版公司，2006：105.

合区域生态治理难以达到预期效果。

（四）相应政策工具不齐全使合作稳定性难以维系

横向政府间的一次性博弈会形成“囚徒困境”。① 以此博弈模型做如下假设：存在两个横向地方政府 G1 和 G2，其博弈策略 SG1 =（SG11，SG12），SG11 指代合作，SG12 指代不合作；SG2 =（SG21，SG22），SG21 指代合作，SG22 指代不合作。当双方在区域生态治理中都选择合作时，收益相同为（A，A）；当 G1 选择合作，而 G2 选择不合作时，收益矩阵为（B，C）；反之，当 G2 选择合作，而 G1 选择不合作时，收益矩阵为（C，B）；当双方都选择不合作时，收益矩阵为（D，D）；A、B、C、D 的数量值满足 C > A > D > B。这种数值规定性原因为区域生态治理必然引致诸多成本支出，假设在治理过程中，G2 选择不合作，而 G1 选择合作，那么借助区域生态治理的整体性，G2 可能实现“搭便车”，即不需支付区域生态治理成本却间接提高区域生态治理绩效，而同时这也使 G1 的利益受到损害。

表 2　　博弈矩阵

G1 \ G2	SG21	SG22
SG11	（A，A）	（B，C）
SG12	（C，B）	（D，D）

由此模型可以看出，就单次博弈而言合作双方在无法判断对方的博弈策略的情况下，最优的选择策略是不合作，即策略组合（SG12，SG21），因为选择不合作，最坏的结果也能保持原有的收益不变，即收益组合（D，D），而不是存在竞争关系的对方政府获得的收益 C 大于自身收益 B，这种策略也是对对方欺诈策略的最佳回应。

根据上述模型可知，博弈局内的各方由于逐利性，在没有共同约束力的规则和协议管理下，会为了使自身利益得到最大化而选择“搭便车”的行为。如果各方都以区域生态共同利益为中心，自我约束，则合作各方会

① 闫建，陈建先．博弈论视角下的府际关系［J］．理论探索，2010（2）．

实现共赢。如果在合作过程中，地方政府选择“不合作”的策略，那么将产生两种不同结果：第一，选择“不合作”的地方政府节省自身的生态治理成本，并且由于生态治理的整体性而带来局部收益；第二，地方政府都抱有“侥幸”心理，都选择“不合作”，那么由此导致区域生态污染恶化，博弈的局中人承担更大的生态治理成本。无论是“一次博弈”还是“重复博弈”，横向政府的每一次策略选择，都会给区域态治理带来巨大的影响。因此，必须通过规范规章制度、培养合作意识以及第三方机构的介入来约束政府在环境治理中的决策行为和执行行为，这样不仅有利于维护合作各方的利益，实现共赢，也有利于合作的稳定性、持久性。

三、区域生态协同治理案例对我国的启示

博弈模型及众多公共治理的模式表明成功的生态协同治理模式必须包含稳定的制度结构和众多影响变量，其中政府合作意愿是合作治理开展的基础，主要受利益分配和生态治理价值观的影响；生态协同治理机制是合作有序开展的重要要求，完善机制必须建立合理的利益分配机制和生态补偿机制，需要通过契约、协定等对各方责任进行规定，避免出现“不合作”“伪合作”等脱域问题；合作平台建设是生态协同治理的核心内容，这不仅需要统一管理的领导机构进行管理，还需要充分调动企业、社会组织、公民个人的积极性，扩大治理主体，建立多元化治理平台。

（一）生态协同治理的基础：政府的合作意愿

1. 培养协同治理意愿是合作发展的基础

目前我国已进入以跨省区域板块在经济舞台“领衔主演”的合作时期。“泛珠三角经济区域”“长三角经济区域”“环渤海经济区域”等省际经济区域概念的提出，表明我国经济区域一体化格局正在逐渐形成。但相比经济区域一体化的发展，生态跨域合作治理却进展缓慢，建设滞后。尽管这种困境是受我国行政区划结构的影响，但同时更重要的原因在于生态协同治理观念的缺失。生态协同治理有别于传统公共管理，所追求的是由内而外的管理，是合作理念的内化，其产生基于地方政府间的相互信任以及共同的治理目标和价值观。随着全

球化和一体化的发展，协同治理的重要性越发增强，政府也在寻求社会组织的支持，以增强政府合作治理能力，逐渐形成生态协同治理格局。

2. 各主体对共同利益认知的一致性有利于合作稳定开展

对共同利益的认知是政府合作意愿产生的前提条件和关键要素，地方政府参与生态治理合作的目的在于通过合作降低治理成本，满足多方需求。在此共识下，地方政府着重衡量资源和要素的匹配程度以及开始探寻合作的可能性及潜在收益。从合作博弈模型可以看出，合作所产生的相对收益对政府合作意愿的影响较大，分配不公等行为会阻碍合作的达成。因此，必须使合作主体达成共同的利益目标：第一，共同利益的形成需要多次沟通协商，各合作主体因利益角度不同，合作判断也会有所不同，需要经过多次方案探讨和利益博弈才有可能达成共识，在此过程中，既需要交流平台和协调机构的介入，也需要实现信息的对称；第二，合作成本和预期收益必须明确客观。从上文模型可以看出，当地方政府自身治理成本低于合作治理成本时，其治理意愿就会降低，只有合作成本低于合作收益和单独治理成本时，地方政府才会主动选择合作策略，只有当地方政府从合作中获得明显收益时，才有足够动力对合作组织的规划和决定作出积极反应。

（二）生态协同治理的要求：完善协同治理机制

1. 利用约束性生态协作机制缓解“脱域”问题

地方政府处于生态治理的关键位置，但由于缺乏约束性的生态治理规章制度和合作协议，在我国生态协同治理过程中常常会出现“脱域”问题。有效的生态治理必须立足于横向权力间的相互协作，转变政府“不合作”的思维和行为。西方政府的生态协调治理主要通过契约模式来实现，包括签订水流域契约、公害防治协定、生态补偿协定、社区共管协定等。如表3所示，在特拉华流域治理时，各方治理主体都签订了科罗拉多河协定、博尔德峡谷项目法案等治理协议和联邦——跨洲协定特拉华流域协定等具有共同约束力的治理契约。区域合作协议、契约模式有助于跨界环境治理的有效开展，也是跨界治理的新模式、新方法①。因此，在合作过程中应该明确界定成本和利益的分配，签订相应协议，利用协议、契约等方式约束地方政府，避免产生“搭便车”“坐享其成”等“不合作”行为。

表 3 美国代表性跨界水污染治理经验②

流域名称	机构	职能	治理协议	治理成果
科罗拉多流域	联邦政府机构及下属子机构	对全流域层面跨界水权进行管理、进行环境保护等	科罗拉多河协定、博尔德峡谷项目法案等跨界水资源治理协议	克罗拉多流域协调委员会自成立以来与联邦政府逐步建立基于利益补偿机制的水权交易机制，流域各州分水协定等，有效进行水资源配置，形成较为完善的水资源开发、管理的体制机制
	科罗拉多流域协调委员会	监督上层流域各州水污染治理情况及各州水分配情况		
特拉华流域	联邦政府机构及下属子机构	获取信息、目标制定、监督实施等职能，但大部分治理职能转移给特拉华流域委员会，治理职能相对弱化，非特殊情况一般不对委员会进行干预	联邦—跨州协定特拉华流域协定	特拉华流域协调委员会承担处理多方面跨界事务的职能，有效解决跨界水污染治理问题，有效解决在水资源管理上和开发利用上权责不清、缺少地方合作、矛盾尖锐等问题，促进特拉华流域跨界水污染问题的解决
	特拉华流域协调委员会	具有较强的治理能力和自主权，是具有强制性综合管理权力的实体机构，管理多方面流域事务，具有制定相关法规、政策的权力		

① POVILANSKAS R；AZINKOVAS A B. Integrated Environmental Management of Trans - boundary Transitional Waters：Curonian Lagoon Case Study ［J］. *Ocean & Coastal Management*，2014 (101)：14 - 23.

② 施祖麟，毕亮亮．我国跨行政区域水污染治理管理机制的研究——以江浙边界水污染治理为例［J］．中国人口资源环境，2007 (3)：3 - 9.

2. 健全生态补偿机制以维护合作主体利益

我国生态协调治理缺乏完善的生态补偿机制和应急机制，生态立法也远远滞后于现实需要。此外，传统粗放型的生态保护和补偿机制不仅损害地方政府利益，也破坏合作的持久性、稳定性。解决“转嫁危机”“异地开发”等现象应从制定针对性补偿措施入手，充分利用污染治理的规模经济效应，减少单向负外部性。建立规范的利益分配机制和生态补偿机制有利于维护各治理主体利益，促进生态协调治理机制的有效运转。不同地区治理成本与收益具有差异性，地区产业结构和治理能力也大不相同，部分地区选择从某种产业中退出重新定位自己的优势产业，而另一些地区则可能借机扩大市场规模，利益从劣势方流向优势方。在这个过程中，为了维持各合作方的利益，必须建立规范化、精细化的利益分配制度和环境补偿制度，使各个地方政府在互利、协作的前提下，通过规范性的制度建设实现地方间的利益转移。

（三）生态协同治理的核心：建立合作平台

1. 统一管理生态合作平台是开展合作的关键要素

目前我国尚未设立专职负责区域生态治理的组织协调机构，区域生态治理缺乏统一规划，结构松散，地方政府也常出现职能权限混乱、“九龙治水”等问题。从西方的发展经验来看（见表4），改善这一问题须从加强区域整体性规划着手，以精细化的组织机构为治理载体，在田纳西河与莱茵河的治理案例中，政府都成立了特定的区域协调委员会并制定具有共同约束力的法律法规以协调管理流域事务，构建稳定、持久的跨州、跨国水污染治理格局。我国需摒弃以往以地方领导人为治理核心、政府全权负责的治理模式，搭建沟通协商的合作平台，利用合作平台对生态治理进行全面规划，明确各参与主体的作用，寻求更为成熟的组织方式，保证资源的合理分配以降低生态治理成本。

表4 西方国家典型水污染治理协调组织经验

名称	政府合作类型	管理机构	跨界水污染管理体系	治理成果
美国田纳西河治理模式	国家内部微区域间政府合作	田纳西河流域管理局	田纳西河流域管理局作为联邦政府机构，在行政上只接受总统领导和国会监督。该管理局被授予对整个流域内各种资源进行全面规划和治理开发的权利，将各州政府对流域的规划和开发权利集中统一起来，保证了管理权利上的统一	田纳西河流域管理局在开发和治理中的主导思想就是纵观全局，打破行政界限，对整个流域进行统一规划，进行全面的治理开发
莱茵河多国协同治理模式	毗邻国家间的次区域政府间合作	莱茵河国际委员会并下设若干技术和专业协调组织	在跨界水污染治理中，流域各成员国政府部分权利委托给一个超国家机构，由其制订治理目标，发展规划，成员国之间互利互信，尊重各方利益。各成员国可就相关问题提出建议和批评，并由莱茵河国际委员会对意见和批评进行总结，提交报告，共同协商讨论	有利于区域一体化治理格局的形成，是基于区域协同治理和综合性流域管理的治理模式，有利于加强成员国之间的合作，加强信息共享、技术交流合作。莱茵河国际委员会通过统一的宏观管理和完善的监督机制来推动完成莱茵河的跨界水污染治理

2. 建立健全制度规定是合作平台的主干

通过单次与多次“囚徒博弈”模型可以看出，在合作治理过程中，地方政府可能会选择“不合作”或是“伪合作”的博弈策略，因为区域生态问题的复杂性和多变性，完美、精准的分工制度难以实现，这种分工漏洞也无法保证治理责任的精准配置。同时，若生态协同治理背离了主体的利益诉求，治理主体也会选择“不执行”的治理策略，出现“上有政策，下有对策”的现象。因此，必须在充分综合各方利益的基础上，建立合理、规范的制度环境，避免使地方生态治理陷入“治乱循环”的陷阱。从西方治理经验来看，有效的生态协同治理关键在于制度建设，这不仅包括多元化治理机制，还包括良性制度环境、规范性地方管理等关键因素。

3. 促进多元化主体参与是合作平台建设的关键

从上文博弈模型可以看出，合作平台的发展规模对生态协同治理的治理成本和环境收益有着重要影响。多元化治理格局是发端于西方的现代治理方式，其作用已在国外诸多实践经验中得以证明。沙利文和斯特尔彻（Helen Sullivan 和 Chris Skelcher）深入研究分析了英国跨域合作主体、合作形式、合作模式、合作范围等，指出可以通过契约、伙伴关系、网络等方式促进合作治理，协同发展组织，扩大参与主体、制定契约和规则，甚至通过“公司治理”来增进治理能力。[①] 其中，网络治理能够突破“国家干预”和“市场调节”的约束，有效地弥补政府和市场在环境治理层面的不足，是一种超越国家和市场的多种自主组织和中间管制形式。有研究发现，网络化治理不仅是区域治理过程中的有效空间结构，而且网络自身的特性也为区域治理创造了有利的发展条件。[②] 在我国，政府部门是生态治理的责任主体，企业、社会组织、公民的参与度较低。政府“垄断式”的治理模式难以解决生态危机治理问题，甚至增加政府“合法性”危机发生的风险。社会发展的多元化，对其他主体参与治理、形成多中心结构的需求越来越大，推动政府—企业—社会—公民的多元合作平台成为新时代生态环境治理的要求。

四、我国生态流域协同治理的实现路径

通过分析生态协调治理中政府“不合作”行为的原因，正确认识我国

① Helen Sullivan and Chris Skelcher. Working Across Boundaries: Collaboration in Public Service [M]. New York: Palgrave Macmillan, 2002: 138.

② Keith G. Provan, Patrick kenis. Modes of Network Governance: Structure, Management and Effectiveness [J]. Journal of Public Administration Research and Theory, 2007 (8): 229-252.

生态治理大环境下的不足之处，从合作共识、规范合作程序、扩大合作规模、完善生态补偿制度和利益分配机制等方面入手提升新时代背景下生态协同治理能力，规范政府行为，规避“不合作”“伪合作”的困境，促进新时代生态治理格局的建立。

（一）形成生态协同治理的共识，提升合作意愿

1. 重塑科学的生态治理价值观

从一定意义上来讲，区域生态治理失灵源于政策的缺失，而政策的“失灵”“失效”都源于政府生态治理理念的缺失，政府对生态治理的认知是开展合作的前提和基础，为缓解生态危机提供观念支持和舆论基础。因此，促进政府区域生态保护公共政策的输出的关键在于将生态价值观输入政府价值观体系中。第一，加大宣传力度，明确各级政府的生态职责，引导政府充分评估地方生态环境价值，科学开发，合理利用生态资源；第二，建立合理的利益分配制度，确保合作意愿和认知的巩固，发挥共同治理理念和利益目标函数的共同作用；第三，提升政府工作人员环境合作意识，引导政府工作人员树立“生态人”“道德人”的合作观念，提升工作人员保护生态环境以及加强生态合作的必要认识。

2. 提升政府官员素质和利益结构

地方政府官员素质的高低和利益结构是否合理影响生态治理的成效。行政行为决定治理能力的高低，政府官员行为又受现存体制的影响，也受政府官员的素质和利益结构的制约。政府官员的执行能力、判断能力、创新能力、沟通能力是合作成员协调和治理有效开展的根本，并深刻影响着治理的成效。官员的利益结构与价值取向影响着政府的决策策略、执行方式，“唯 GDP 论”的价值观会导致政府官员忽视环境治理的重要性，或为减少治理成本采取“搭便车”行为，而奉行“绿色 GDP”的政府官员在策略选择上则更注重协调发展。因此提升政府官员的素质和利益结构有利于形成维护和促进“公共利益”视角下的生态治理意愿和能力。

（二）健全绩效考评机制，完善环境补偿制度

1. 建立科学合理的水污染绩效考评机制

区域生态合作的行为及其绩效受地方政府合作意愿与合作交易成本的共同作用，不同的参与主体会呈现出不同的区域合作状况。政府绩效评估是政府职能、政策目标、执行结果的科学管理体系，建立一个科学、高效的政府绩效评估系统对树立政府官观官德至关重要。同时，建立科学的绩效考核制度也有利于协调环境和经济之间的关系。因此，中央政府应构建合理的任期目标，不仅以 GDP 和财政收入为单一的考核指标，要激励政府官员坚持可持续发展观，有效结合整体流域和其他地方利益，反对地方保护主义、自利主义和垄断主义等行政行为，维护合作组织各治理主体的共同利益，形成可持续、稳定的流域合作治理体系。

2. 完善生态补偿机制建设

为避免“邻避现象”的产生，促进人与自然和谐共处，新时代背景下，我国应逐步建立健全生态补偿机制和利益协调机制，运用市场、激励、补偿等手段，调节利益主体之间的关系。在实施生态治理区域内，对破坏者、使用者、获益者加收费用，对保护者进行补偿，根据对生态环境保护作出贡献的大小，调节不同地区在生态保护和利用过程中的失衡状况。这个协调机制通过横向的财政转移支付来平衡治理权责，打破生态治理过程中“行政分割”的困境。实现生态环境保护外部效益内部化。各主体以签订协议、合作谈判等方式进行协商，明确违反协议应负的责任，确保“异地开发”“高污产业转移”等问题得到有效解决。

（三）规范合作程序，建立“多元化”治理格局

1. 建立约束性契约制度，促进生态协同治理良性运作

跨界生态协同治理行为需要完备的法律体系作支撑，以明确各治理主体的责任和权限。因此，要充分完善跨界生态治理的法律制度和行政制度，建立具有普遍约束的生态防治指标，为跨界生态合作提供良性的治理机制。同时建立一个超区划的生态协同治理委员会，成员由区域地方政府

行政首脑组成，实行垂直管理制度，共同负责生态环境治理。此外，制订地方合作协议是整个合作阶段的起始阶段，同时也是遵循公共政策的基本过程。在区域生态治理的过程中，要通过签订生态合作协定，加强生态合作治理力度。以美国水污染跨界治理为例，水流域的跨行政区域性决定了水污染治理不能单凭某一个地方政府，需要流域内各地方政府合作和协调①。

2. 塑造多元化利益诱导机制，打造“政府—企业—社会”互动合作平台

政府应以生态协同治理为契机，转变传统的单向行政方式，发挥市场机制的作用，以多元化利益诱导机制寻求企业、社会组织等力量的参与，调动其他主体的积极性。在此过程中应充分做到以下几点：第一，由于独特的利益视角和能力结构缺陷，“政府失灵”“市场失灵”等问题难以避免，但为了更好地达到治理效果，政府在参与过程中必须加以引导，明确各主体的角色地位与作用，充分了解其利益诉求，加强协作思维；第二，以相应利益补偿及税收减免，诱导企业积极参与生态治理；第三，加强各主体之间的沟通交流，政府在多元化治理过程的各个阶段，都需要促进信息互通，加强相互间的对话和协商，树立良好的平等合作理念。

3. 构建生态协同治理法律规范

生态协同治理需要统一的领导机构与建设适应其发展的法律规范，加强对各主体行为进行引导和约束。在这个过程中，需要针对问题制定环境治理开发、利用、变更、转让的问题。第一，生态治理的整体性要求我国以生态系统为取向，制定一体化法律制度；第二，在遇到涉及多方利益或是重大生态系统问题时，各地方政府和参与主体要在领导机构主持下就重大事项进行商议、决策，并在此过程中坚持综合决策制度；第三，建立生态协同治理长期宏观规划体系，制订相应的治理规划和发展策略，对资源

① 金太军．论区域生态治理的中国挑战与西方经验［J］．国外社会科学，2015（9）：4－12.

利用开发、节约保护、危机防控等方面进行宏观调控，充分考虑各个地方发展情况，建立针对性的规划体系，明确各主体责任，加强信息化建设，对区域生态问题进行统一管理、统一协调。

社会组织在社会主义协商民主中的责任、功能及其提升

◎陈　思

湖北省社会科学院政法所、华中科技大学公共管理学院，湖北武汉，430077

摘　要：中国共产党的十九大报告丰富了社会主义民主政治新内涵，将社会组织协商纳入社会主义协商民主体系，这是基于中国协商民主实践和社会组织未来发展趋势作出的科学判断。社会组织在社会主义协商民主中对社会公共生活的稳健运行与有序推进发挥着巨大的凝聚与调控作用。社会组织在新的历史条件下抓住新机遇，承担新责任，需要发挥其协商功能，同时不断提升协商能力。

关键词：社会组织协商　功能优势　治理

习近平总书记在党的十九大报告中郑重宣布中国特色社会主义进入新时代。全面深刻学习和把握十九大精神，对于定位新时代、领会新思想，聚焦新目标，实干新征程，具有重大意义。报告中第六部分在阐述发展社会主义民主政治时，将社会组织协商纳入社会主义协商民主的范畴之中，明确了社会组织在协商民主体系中的主体地位。时代赋予了社会组织更多的历史责任，也为社会组织未来发展指明了方向，从中共中央《关于加强

社会主义协商民主建设的意见》提出“逐步探索社会组织协商”，“探索开展社会组织协商，坚持党的领导和政府依法管理，健全与相关社会组织联系的工作机制和沟通渠道，引导社会组织有序开展协商，更好为社会服务”到十九大报告中“要推动协商民主广泛、多层、制度化发展，统筹推进政党协商、人大协商、政府协商、政协协商、人民团体协商、基层协商以及社会组织协商。”这是社会组织政治功能进一步加强的重要体现，对于社会组织今后更大地彰显社会治理价值创设了制度空间，具有重大现实价值和深远历史意义。

一、社会组织在新时代社会主义协商民主中的责任

（一）政治整合责任

随着我国社会组织数量、规模、种类的迅速发展，社会组织在协调推进全面建成小康社会、全面深化改革、全面依法治国、全面从严治党战略布局中承担重要任务，作为社会主义现代化建设重要力量的地位日益凸显。十九大审时度势地强化社会组织的政治功能，赋予社会组织社会主义民主协商的重大责任，这是党和国家对社会组织发展规律的科学把握，同时也是深入贯穿经济、政治、文化、社会、生态文明、党建六大改革主线，推进改革攻坚的内在要求。社会组织的政治整合责任是其承担新任务、发挥新功能的前提和基础。社会组织所活跃的社会生活领域，是党组织工作的薄弱点和空白点，同时也是巩固和扩大党的执政基础的新的生长点和拓展点。通过不断完善执政党嵌入社会组织、覆盖和领导社会民众的组织网络体系，强化连接和沟通国家与社会的桥梁与纽带，进一步释放社会组织作为党的基层工作和服务群众工作的重要载体的潜能，一方面有助于引导社会组织正确发展导向，保障社会组织的健康发展，同时优化社会组织发展的外部资源环境，提升社会组织与社会资源的协调耦合效率；另一方面强化了社会组织的政治辐射能力，扩大了党组织在社会领域的影响力和凝聚力，提升了社会组织所联系群众对执政党的政治认同感。

（二）协商参与责任

党的十九大报告指出："有事好商量，众人的事情由众人商量，是人民民主的真谛。"社会主义协商民主是我国人民民主的重要形式，是我国革命、建设和改革中理论思索和实践总结的结晶，是中国人民创造的重要民主形式，是人民民主的重要实现途径。在中国这个人口基数大、地域面积广，并且高速发展的社会主义国家中，治国理政需要充分发扬民主，集思广益和凝聚共识。只有以中国特色作为优化和选择的出发点，不断完善民主的形式，创新发展国家与社会良性互动的机制，才能与时俱进地解决发展中遇到的种种问题。社会组织协商作为社会主义协商民主体系的重要组成部分，在社会主义协商民主体系中具有重要地位，担负着重要的主体责任。社会组织作为社会主义协商民主政治的一支力量，代表着不同利益群体的公共利益，作为多元化视角的重要补充，与其他协商主体就公共议题通过平等的讨论协商、沟通交流、达成共识、参与决策。只有充分发挥社会组织主体广泛性、渠道多样性、层次多向性和形式灵活性的优势，社会组织才能担负起激发基层活力、改善基层治理、引导公民有序政治参与的责任。同时，在总结现有实践成效的基础上，社会组织要知责任、善作为，根据自身特点和实际情况，合理确定社会组织参与社会主主义民主协商的内容和方式。

（三）社会监督责任

协商与监督如同车之两轮、鸟之双翼，都是协商民主的重要组成，应平衡建设，共同推进。党的十九大报告在"政治建设"及"健全党和国家监督体系"的部分都论述了民主监督的内容，报告强调，"构建党统一指挥、全面覆盖、权威高效的监督体系，把党内监督同国家机关监督、民主监督、司法监督、群众监督、舆论监督贯通起来，增强监督合力。"民主监督，是一种融合党派监督、社会监督等力量于一体的，自上而下和自下而上相结合的广泛监督，社会组织监督是民主监督的题中应有之义。党的十九大报告中要求统筹推进各类民主协商形式，发挥出各自优势，做好衔接配合。社会组织要利用自身相对独立性、调动社会资源的灵活性、活动领域的专业性、集体行动的组织性，以及监督成本低、监督形式多样、监督覆盖面广等优势，在为党和政府决策咨询提供服务的同时整合社会监督力量，增强自身政治影响力和社会公信力，承担起更多民主监督的责任，在权力腐败的预防、权力行使不当的矫正、权力滥用的惩戒、权力高效运作的维护以及公民政治参与的教育和倡导等方面彰显社会组织的力量。

（四）主体治理责任

社会组织要完成时代赋予的政治使命，必须从内外两个方面加强组织治理责任。从内部来看，社会组织要聚焦责任目标，进一步强化主体意识和责任意识，从更高的站位关注公共议题，积极参与立法倡导与政策制定。要强化社会组织价值倡导责任，围绕组织宗旨将社会组织行动融入党和政府的核心价值的塑造之中。要全方位提升社会组织服务能力，增强社会组织成员政治把控力、调研能力、服务群众能力与协调沟通能力。同时要加强组织自身建设，完善社会组织内部治理、健全组织机构、落实民主管理、实现财务管理透明化。

从外部来看，社会组织要提升协商水平，与政党、政府、人大、政协、群团组织、企业以及社会公众积极开展沟通对话，围绕党和国家的重大任务，进一步提升协商内容的针对性、丰富协商形式的多样性、推进协商程序的规范性与协商成果的实效性。要重视公众的期待，凝聚和提炼所联系群众的需求与公共利益的共同点，提出可操作性的解决方案，并通过协商渠道，推动相关利益诉求的满足。社会组织要清晰认识到其政治价值合法性的重要来源是其社会性、服务性与代表性，只有发挥自身禀赋优势，更大限度地凝聚社会力量，才能履行好社会主义民主协商的职责。

二、社会组织在社会主义协商民主中的功能

（一）发挥社会组织凝聚价值共识的“融合器”功能，社会组织协商是异质权益的融合与社会共识达成的重要形式

中国共产党领导的多党合作和政治协商制度以合作、参与、协商为基本精神，以团结、民主、和谐为本质属性，为保证人民在日常政治生活中

有广泛持续深入参与的权利，在新形势下，中国共产党不断健全人民当家做主制度体系，创新发展社会主义民主政治。社会主义协商民主是马克思主义民主理论与中国政治实践结合的制度形态，是党的群众路线在政治领域的重要体现，是深化政治体制改革的重要内容，是中华民族天下为公、兼容并蓄、求同存异等传统政治文化的现代表征，它具有协商主体多元性，而价值核心一元性的中国社会主义民主政治的特有形式和独特优势，这种设计结构让它可以不断扩大参与的广泛性，融合不同群体、界别的利益，同时又通过“人民群众对美好生活的向往”这一奋斗目标，形成强大的向心力和凝聚力，保证合力指向的一致性。社会组织协商因其广泛的包容性，有助于在维护主流意识形态主导地位的前提下承认和尊重多元的价值观念，更好地发挥我国民主制度有利于兼顾广开言路与凝聚共识、集思广益与谋求共益、尊重多数与照顾少数的独特政治优势，为执政党广泛联系社会、凝聚全党全社会的价值共识，奠定了重要的社会政治基础。

（二）发挥社会组织预防和化解社会矛盾和风险“安全阀”功能，社会组织协商是人民群众有序参与中国特色社会主义建设事业的重要保障

随着改革开放的不断推进，社会发展与转型导致利益的重新分配，社会群体差异化、利益需求多元化、利益协调复杂化日趋明显。如何回应不同利益群体诉求，兼顾各方利益，寻找最大公约数，是应对多变社会矛盾和风险、为中国特色社会主义建设事业提供保障的重大考验。社会组织在传统体制释放的公共空间中成长，在政策制定主体与民意表达主体之间发挥着桥梁纽带作用；同时为利益冲突的控制、疏导和稀释，提供了缓冲空间。社会组织通过不断强化协商功能、创新国家与社会的沟通渠道和改善沟通方式，为公众情绪的理性表达与政策互动提供便利，成为“上情下达”“下情上通”的重要介质，在构建平稳有序、制度健全、参与广泛的有序政治参与格局中的地位日益凸显。

（三）发挥社会组织整合社会资源“孵化器”功能，社会组织协商是促进党和政府科学决策、民主决策、依法决策的重要途径

社会组织协商民主的内容包含了社会组织成员就内部事务问题、社会组织之间就利益相关问题以及社会组织与国家政权机关等就经济社会发展的重大问题和人民群众关心的直接现实利益问题，基于平等、理性、包容、公开等原则理性协商、充分讨论以达成一定共识。① 社会组织作为协商主体，因其贴近公众的特质，能缩短国家与公众的距离，规避民意聚合中的不均衡性，为民意进入公共决策系统形成有效推力；同时社会组织能整合微弱分散的个体利益诉求，使其得到更为集中和强化的表达，从而对政策产生更实质性的影响。加之社会组织涉及广泛行业领域，大多具有专门业务属性，作为协商平台，能有效提升党和国家决策的民主性、科学性和精准性。近年来，社会组织在参与立法协商、决策协商、行业协商、社会协商和社会组织内部协商方面起到了积极作用，随着社会组织协商实践的不断推进，参与协商事项制度化、参与渠道规范化、参与方式程序化以及协商意见反馈、采纳机制化等方面逐步完善，在提升社会组织协商参与能力的同时也将对协商民主向更广泛、更多层面、更加制度化、更加法律化方向发展产生巨大助推力。

（四）发挥社会组织促进社会治理“推进器”功能，社会组织协商是推进国家治理体系和治理能力现代化建设的题中应有之义

在社会高速发展、社会结构急剧变化与深刻调整、社会内部生态系统日趋繁复的现实背景下，中国国家治理体系的完善与治理能力现代化目标的实现，需要社会组织参与协商，充分发挥其有效性与有序性的社会治理功能。社会组织作为国家治理体系和治理能力现代化的有机组成部分，处于国家与公众的中间层次，随着其快速成长壮大，作为社会治理重要主体和依托的角色和地位日益凸显。一方面社会组织本身就是协商平台，通过内部协商缓和组织成员诉求差异张力，凝聚组织内部协商意愿，聚合基层

① 康晓强．社会组织协商民主建设的四个关系［N］．学习时报，2015－04－13（4）．

社会治理合力；另一方面社会组织作为协商主体，通过组织系统间的平衡、协调，整合更大范围、更多层次的治理主体，发展更灵活、更多形式的民主协商方式，充分发挥协商民主的功能。从这个意义上说，社会组织协商民主越发展，社会组织协商能力越强大，国家治理体系就越完备，治理能力现代化的水平也就越高。

三、提升社会组织协商功能的对策建议

新时代赋予中国特色社会主义协商民主新内涵，作为促进协商民主广泛多层制度化发展重要载体的社会组织，站在新起点、肩负新责任，要适应新发展，必须满足新要求。目前，我国社会组织的人均拥有率较低，社会组织的公共理性精神与参与主动性不足，社会组织协商、沟通、对话、恳谈的潜在功能还有待发掘，社会组织协商制度化、规范化尚有较大探索空间。推进社会组织协商，应从强化社会组织协商观念、提升协商能力、推进协商制度化建设三方面入手。

（一）强化社会组织的公共理性观念

理念是实践的引领，要充分发挥协商主体的功能，社会组织需要进一步提升公共理性观念。公共理性建立在对公共事务的关注和对公共善的精神的追求之上，要求在多元价值和利益共存的场域中，社会组织能通过主动参与、真实传递、理性表达，明确自己的立场与诉求，并能基于公共的善和公共利益，进行意见交互，过程始终以公益为指向，多元主体不断调试各自主张，以达成理性共识。公共理性是社会组织参与民主协商的理性前提。

（二）提升社会组织参与协商能力。

有能才能有为，有为才能有位，社会组织自身能力的发展，是其能够作为独立主体进行平等协商、合作共治的必然要求。在充分激发社会组织发展活力，提升社会组织自我管理、自我发展能力的基础上，要从以下几个方面全面增强社会组织的协商能力：一是提高政治把握能力，牢固政治意识；二是强化发现问题能力，提升洞察敏锐度；三是高效的资源动员能力，善于整合组织内优势资源，调动组织外优质资源；四是建立协商人才

培养机制，人才是协商能力的载体，是实现协商能力提升的核心；五是培养与执政党、政府及其他社会主体良好的沟通能力，政治沟通与信息交流是协商实现的根本路径。

（三）推进社会组织协商制度化建设

亨廷顿在他的政治不稳定公式中指出政治体系的制度化水平与社会参与政治的扩张速度相匹配的原则。随着社会组织发展规模不断增加，在政治参与中创造的价值日益彰显，社会组织政治参与制度化建设亟待完善。第一要从法律层面明确社会组织的地位和作用。从政策导向到法律保障，这是实现社会组织协商主体地位的前提和基础。第二为政社合作创设制度平台。推动人大、政协、政府部门与社会组织之间对话协商机制的制度化和常态化。第三要参照现有协商渠道制度模式，在制度建设较为规范的社会组织中先行试点，对协商启动、协商召集、协商事项确立、协商形式、协商结果反馈及问责等进行制度设计。

随着协商民主渠道的增加以及协商民主形式的丰富，相信我们会看到，社会主义民主政治将会日臻完善，公共决策将更具公共性、开放性、民意性、正当性和合法性，人民将更充分享有当家作主的权利。

参考文献

［1］褚松燕．在国家和社会之间——中国政治社会团体功能研究［M］．北京：国家行政学院出版社，2014：253－254.

［2］高宁，刘佳．社会组织的社会责任［M］．太原：山西人民出版社，2015：120－121.

［3］［美］塞缪尔·P. 亨廷顿．变化社会中的政治秩序［M］．王冠华，刘为，等，译，上海：上海人民出版社，2008：28.

［4］康晓强．社会组织：我国协商民主建设的新生长点［J］．理论视野，2016（10）：15－16.

［5］康晓强．社会组织协商民主建设的四个关系［N］．学习时报，2015－04－13（4）.

从社会主要矛盾的变化出发完善我国社会保障制度

◎蓝　天
扬州大学马克思主义学院，江苏扬州，225009

摘　要：十九大报告中明确提出，进入中国特色社会主义的新时代，人民日益增长的美好生活需要与不平衡不充分发展之间的矛盾俨然成为了我国社会全新的主要矛盾。由此便可以看出："基本的物质和文化需求"已经不能满足人民，而"落后的社会生产"也已不再是制约我国发展的基本要素了。这就为完善我国的社会保障制度提供了一个理论依据，它应该朝着符合人民美好生活需要的方向去完善，为解决当下不平衡、不充分发展的问题去完善，紧紧把握"变与不变"的精髓去完善。

关键词：社会主要矛盾　社会保障制度　不平衡　不充分　完善

一、人民美好生活需要与社会保障制度的完善

（一）对物质文化有了更高要求

一方面，人民对物质生活需要的更高要求促使着我国社会保障制度的完善。马克思、恩格斯曾经指出："全部人类历史的第一个前提无疑是有生命的个人的存在。"[1]拥有生命是人类得以谱写历史的前提，而物质生活需

要就是生命存在的基础。随着生产力的发展，简单的吃饱穿暖不再是人们所追求，因为这是已经达到的目标。人们逐渐对衣、食、住、行有了更高的需求，想要饮食得更营养、装扮得更时尚、居住得更适宜、行走得更便捷。社会保障制度是用以保障居民最基本生活需要的经济制度，但是伴随着人民对物质生活需要层次的抬升，基本生活需要保障的标准理应被提高。社会保险中的养老、失业、医疗、工伤和生育项目的经济水平必然是需要升华的，社会救济所提供的无偿物质帮助可以伴随着政府投入和社会捐赠而日益丰满，社会福利津贴、设施和服务应该进一步改善全体社会成员的物质生活状况，优抚安置也同样需要给予特殊人群更富有质量的关怀。

另一方面，人民对文化生活需要的更高要求促使着我国社会保障制度的完善。马克思和恩格斯曾将生产资料分为“生活资料、享受资料、发展和表现一切体力和智力所需的资料。”[2]当人们的物质客观生活条件得到了充分满足，基本必要生存环境得到了全面保障，甚至有了切实发展的时候，就会逐渐对精神文化产生需求。精神文化整体而言是真善美的集合体，因此，人们对精神文化的追求就是对科学真理、伦理道德和艺术美学的追求。改革开放以来，人们的物质生活水平有了质的飞跃。相应地，人们对精神文化生活需求的广度会扩大，深度都会加强，质量会深化。社会保障的内容从层次上界定，可以划分为经济类、精神类和服务类保障。精神类保障是人们对健康幸福的正常追求，囊括了心理、伦理及文化这三大范畴，它是人们在现世中脱离不开的生活慰藉，也是更高层次的社会保障。现代社会保障日益承担着提供精神保障的义务，突出表现着人性化的理念。我国的社会保障制度大可以尝试完善精神文化建设的财政保障，落实精神文化建设的经费投入，促进精神文化建设的健康发展。

（二）其他方面的要求日益增长

党的十九大报告指出：“人民美好生活需要日益广泛，不仅对物质文化生活提出了更高要求，而且在民主、法治、公平、正义、安全、环境等方面的要求日益增长。”[3]这为我国社会保障制度的完善提供了理论基础，指明了确切方向。

1. 民主法治要求与社会保障制度

民主提倡"平等"和"少数服从多数"的原则，保障人民享有最广泛的权益，实现绝大多数人民能够自己当家作主。马克思曾经提出："不是国家制度创造人民，而是人民创造国家制度。[4]"制度永远都是为人民服务的，因此，我国社会保障制度的完善目标就应该遵循民主的要求，平等地对待每一个公民，增加保障性收入，保障人民充分享有最广泛的权益和机会，并与时俱进地实现绝大多数人民对社会保障的需求。

法治与民主相辅相成，服务的对象即人民群众。它包括科学立法、严格执法、公正司法、全民守法的内容，是国家、社会和个人的统一。完善我国的社会保障制度，首先需要完善科学的立法，即社会保障法，用以调整国家政府、社会机构、社会成员等各主体之间的关系。其次需要通过严格执法和公正司法的程序，监督着社会保障主体享受应有的权利和履行应尽的义务。最后需要全民守法，共同维系社会保障制度得以存在和发展的环境。

2. 公平正义要求与社会保障制度

公平的公是指"公共"，也就是大众，所以公平是属于大众的平等，它要求我们在处理事务的时候合情合理，不能有偏袒的行为。人们感受到的"不公平"，极大程度来源于责任和权益的不对等，即承担的责任少于应该承担的，却获取了比应得的权益更大的利好。这就要求我们在完善社会保障制度的过程中要高度重视公平，按照合理的标准去分配福利。更要通过长期的坚持不懈，努力提高全体公民的保障水平，促使在社会保障面前人人平等。

正义其实是维护公平的一种方式和手段，在社会保障领域，正义涉及的是"制度正义"。具体而言主要是指社会资源的分配不能任意，应该遵循一定的规范和原则，分配得当。这一要求在"社会保险制度"上展现得比较充分。社会保险制度是一种缴费型的社会保障制度，公民只有履行了法定的缴费义务，才能享受与缴费相应的社会保险福利待遇。

3. 安全环境要求与社会保障制度

安全是人类最为本能的欲望，国人一向居安思危。社会保障制度被形容为一个国家最后的安全体系网，保障着每个公民的生存权利。在我们当今的社会保障体系中，安全问题已经越来越普及。例如，社会保险制度，实质上就是围绕人身、财产等安全问题而展开的。社会救济制度，针对自然灾害所引起的安全隐患相当重视。既然要完善社会保障制度，就离不开对安全的保障，我们更应积极抵御各类风险，提高人民的抗风险能力。

环境分为自然环境与社会环境两类。一方面，蓝天绿水的自然环境越发成为衡量幸福生活的标准，人们对美好环境的要求蒸蒸日上；另一方面，社会保障制度的完善也需要一个更加安定的环境，在该领域尤其重视社会环境。因此，我们应该不断提高对环境问题的重视，尽力创造一个平等就业和自由流动的稳定环境，并处理好它与社会保障的关系。

二、社会保障制度发展不平衡、不充分的完善

在我国已经转换的社会主要矛盾中，与“人民日益增长的美好生活需要”相对应的便是“不平衡不充分的发展”。我国当下的社会保障制度发展也正存在着这样的问题，亟待解决。

（一）应对发展不平衡的问题

社会保障制度的发展不平衡问题主要体现在“城乡间的不平衡”“区域间的不平衡”以及由于收入贫富差距所引起的“个体需求间的不平衡”这三大方面。

1. 城乡间的发展不平衡

由于城镇和乡村之间的经济发展不平衡，我国的社会保障制度也相应地存在城乡间差距问题。第一，从覆盖面来看：目前，城镇的社会保障体系覆盖已经相对全面，而农村的社会保障制度在大部分地区仍未落实到位。第二，从生活保障标准来看：城镇普及了最低生活保障制度，且标准较高。而农村只有部分地区建立了低保，多数地区都只有特困户基本生活救助。第三，从筹资方式来看：在城镇，国家、企业和个人的筹资比例差距不大。

而在农村，即使有国家政策的扶持、有集体补助的给予，也基本上是以个人缴纳社会保险金的方式为主，力量绵薄。第四，从机制运行来看：城镇的社会保障制度实现了一体化管理，发展趋于成熟。而农村的社会保障仍然是多头管理，效率低下，不够规范。完善社会保障制度，必须解决城乡发展不平衡的问题，推进城乡统筹。针对以上情况，国家推行了“新型农村合作医疗”“新型农村社会养老保险”等制度，以缩小城乡社保的差距。在此基础上，国家应该大力落实社会政策，进一步完善和统一城乡各项保险制度和救助体制，增加和扩大农村福利的覆盖率，建立和提高农村居民的最低生活保障。呼吁新型筹资方式，并推动农村和城镇社会保障制度的统一并轨，尤其是将进入城镇的农村劳动力纳入应有的社会保障体系之中。

2. 区域间的发展不平衡

在地理位置和资源分配等优势的作用下，长三角、珠三角、东部沿海地区经济发达，吸引了大量的中青年劳动力，而中西部地区的发展优势则相对没有那么明显，经济水平和收入偏低，失业和退休的人员较多。不同地区出现两极分化，同一地区的不同社会领域也仍然有分割的状态。正因为如此，中西部聚集了大量的留守老人和留守儿童亟待抚养，在医疗需求方面也是很难满足。由此可见，协调区域经济发展是完善社会保障制度必不可少的路径。为了最大限度地让政府“有形之手”和市场“无形之手”形成合力，推动区域经济一体化发展[5]，国家应该加强对经济欠发达地区的扶持，建立较为统一的社会保障制度平台，使得留守者的基本生活得到较好的保障，同时也让在外流动人口参加社会保障的障碍得以清除；应该从宏观上规划协调区域经济发展的大政方针，使得发展较好的地区充分发挥其社会优势，带动发展落后的地区；应该明确中央的职能，带领地方政府分配好自身在社会保障制度领域的权利和职责，带动地方财政对社会保障的各类支出。应该高效地利用社会保障资源，避免交叉区域之间的社会保障项目出现重叠的现象而造成社会保障资源的浪费。

3. 个体需求间的不平衡

社会发展的主体是人，人的需求可以刺激经济的发展和制度的推进。

所以，现实中个体的需求是完善一个时代里社会制度的取决因素之一。马斯洛的需要层次理论把人的需求划为五个层面，由低到高即“生理需要、安全需要、社交需要、尊重需要和自我实现的需要”。[6] 马克思和恩格斯也同样把人的需求划分为四个层面，即“生存需要、享受需要、发展需要和自我实现的需要”。但无论是哪一种划分法，都只有当低层次的需求得到满足之后才会向着高层次的需求升级。虽然人均国民收入已然处在中上水平，但是由于当今社会的各个阶层发展尚未平衡，收入分配不均，所以贫富差距依旧很大，脱贫攻坚的任务依旧艰巨。这就决定了个体需求的不平衡，从而对社会保障的需求也不平衡。因此，我国的社会保障制度应该按照个体不同的需求因人制宜，既要提高弱势人群的保障质量以缩小并控制社会保障水平的差距，又不能在最基本的物质生活保障还未得到满足的时候就开始对更高层次需要的追求。只有坚持保障适度的原则，才能维护可持续的多层次社会保障体系。甚至有时候还要依照个体的需求适当控制社会保障水平的增长幅度，使之与现实状况相协调。

（二）应对发展不充分的问题

社会保障制度的不充分发展也主要体现在三个方面，即由于政府投入少而引起的保障水平的不充分、由于资源配置不合理而引起的保障范围的不充分以及由于公共资源投入重点的偏向而引起的保障机制的不充分。

1. 保障水平不充分

完善保障水平的不充分主要可以从以下几个层面着手：第一，完善底线民生保障水平的不充分。底线民生保障也就是最低生活保障，这是社会针对困难群众的承诺，致力于维护其基本生活权益。“截至 2017 年 9 月，全国平均城市低保标准为 534 元/人/月，农村低保标准为 351 元/人/月”。[7] 可以明显看出，我国与发达国家的最低生活保障水平是有一定差距的。所以，我们应该根据社会发展和经济需求的变化进一步健全社会救助体系，调整最低保障标准，完善最低保障制度。第二，完善国家财政支出水平的不充分。虽然我国的 GDP 日益增长，但是有关社会保障的财政支出占比并不高，目前国家对社会保障的投入已经跟不上现实发展的节奏了，造成供应和需求之间严重不匹配。所以，适度增加国家财政对此的支出就很重要了。国家应该高度重视，制定相关的政策，给予经济的支持。第三，完善社会资源调动水平的不充分。社会保障制度的完善并不是一蹴而就的事情，而是一项十分浩大的工程，除了借助国家的力量外，还离不开社会资源的参与。我们应该广泛引导社会成员，积极调动民间资源，发挥市场的作用，扩大保障的规模。发展一些商业性质的社会保险以筹得充分的资金，弥补社会福利供给的不足，更加高效地抵抗社会保障的风险。

2. 保障范围不充分

完善保障范围的不充分实际上就是扩大社会保障的覆盖广度和加强社会保障的覆盖深度。其实我国一直对社会保障的覆盖范围持有高度的重视，尽力以“人民全覆盖”为目标，推进各个层面的普及工作。可是由于当下社会市场化和技术化的需求，大量新兴产业萌芽，使得新型就业形式出现，自由灵活的就业人员不断增长。这些人员由于收入不够稳定，甚至存在区域流动性较强的特征，尤其是在外打拼的农民工，往往容易忽视自身社会保障金的缴纳，阻挠了全民覆盖目标的实现。还有省外的大学毕业生及常住人口群体，对于他们的社会保障往往达不到预期的稳定。对此，国家应该提高社会保障体系的管理细致度，充分运用科学信息技术和互联网大数据，查询精准到个人身上，尤其是贫困人口。应该仔细甄别需要保障的对象，确保他们每个符合条件的人都可以得到应该得到的保障。应该加大宣传，不断鼓励和引导社会成员重视切身利益，尽可能地把所有法定人群都纳入社会保障网，保障儿童福利、养老福利及残疾弱势群体福利事业的发展。当然，稳步提升社会保障的水平，使人民共同分享发展成果，才是扩大社会保障覆盖率的根本举措。

3. 保障机制不充分

完善保障机制的不充分一方面是指要完善社会保障公共服务体系的机制。与快速增长的社会保障服务需求相比，我国社会保障公共服务体系的供给能力明显不足，社会保障公共服务机构建设长期处于滞后状态，发展中存在着人员编制和经费等方面的瓶颈制约因素，在很大程度上影响到社会保障制度的可持续发展[8]。针对以上的这种情况，我们要设置规范化的机构，配备专业化的人才，建设信息化的管理，为社会保障公共服务体系提供一个统一规划而又独立发展的平台。另一方面是指要完善社会保障权责分配的机制。各级政府要简政放权，转变自己的角色，强化社会和个人的参与，在制定政策的时候既要尽力而为，又要量力而行；社会企业大力提倡“企业年金”等制度，均衡保障资源的配置；个人要在享有社会福利之前尽到应该尽到的责任，充分发挥积极性，参与到社会保障实践之中。除此之外，应该完善各类具体的社会保险机制、社会福利机制、社会救助机制、社会优抚机制，以实现“可持续、多层次”的整体目标。总之，我们在保障机制的设计上要更新认识，不再由国家独自承担，而要让社会的各类力量了解他们对自身未来的期许和义务。

三、“变与不变”视阈下社会保障制度的完善

社会主要矛盾的转化使得社会主义发展的目标更加明确。因此，我们在规划社会保障制度的时候首先要考虑到“人民的需要明显提升”这一要素，始终将“以人民为中心”作为发展思想。与此同时，社会主要矛盾的转化也使得需求和发展两方面的差距缩小，由落后的状况转化为不平衡、不充分，那就在一定程度上揭示了“美好生活既是现实的发展，也是对未来的憧憬”这一规律，我国社会保障制度是当下到未来长期奋斗的过程。

（一）主要矛盾的内涵在变，目标不变

社会主要矛盾的内涵虽然已有所改变，但是中国特色社会主义的发展目标是恒定不变的，依旧是致力于人民需要，致力于时代更替，致力于党的使命。

1. 社会保障制度致力于人民需要

我国的社会保障制度是为了人民而服务的，它的基本功能就是通过对人民需要的了解，保障和改善民生，让全体人民共享美好生活成果，促进社会的公平正义。关于内涵的表述再怎么变化，也脱离不了“人民需要”和“满足需要”这一实质性结构，它贯穿于整个治理进程。对于社会保障

制度完善，应该始终坚定致力于人民需要这个目标，增进人民向往的福祉，补齐民生发展的短板。促使幼儿得以培育、老人得以赡养、弱小得以扶持、病人得以医疗，学习有教学的资源、居住有宜人的环境、劳动有合理的工资，并持续努力成就一些更为普惠的保障条件，朝着共同富裕的方向继续前行。

2. 社会保障制度致力于时代更替

社会主要矛盾的改变决定了时代的更替，但它只是阶段性的改变。实际上，无论处于哪一个阶段，只要顺应时代，就能把握好现实。一方面，在社会主义新时代，伴随着社会主要矛盾的变化，我国对社会保障制度的完善提出了新的要求。为了更好地满足人民在五大基本方面的新型需求，社会保障制度的完善必须渗透到公民权益、人均收入、教育培训、医疗住房、环境资源等领域之中，并扩大覆盖面，提高针对性，加强其效应。另一方面，当下属于大数据网络社会的时代，可以基于这一特点推进社会保障服务的多元化、灵活化和制度化，创新网络社会保障资金统筹管理机制，构建社会保障智慧管理和服务系统[9]。我国的社会保障制度如果依照这一目标方向去改革与发展，便能够更加及时地满足人们的个性化需求，提高资金统筹的效率，增加透明度而相互监督。

3. 社会保障制度致力于党的使命

众所周知，中国共产党最初奉行并一直延续着的使命，就是为中国人民谋幸福和为中华民族谋复兴。改革开放这一路走来，我党大力引领人民解放和发展经济，逐步提高了人民的生活水准，改变了民生需求的内涵。社会保障制度作为我国的经济制度，其路径指向的目标必然要和党的使命一致。从经济社会的视角出发，人民幸福和民族复兴属于社会需要的领域，而保障制度则是社会供给。人民幸福和民族复兴的标准日新月异，激发出更多、更高的需要。社会需要地位的攀升，自然推进了社会供给的脚步。因此，我国的社会保障制度发展应该向着更加全面而充分的阶段前进。按照“兜底线、织密网、建机制”的要求，以人民为中心，促进人的全面发展，实现全体人民共享发展成果，实现“全民普惠、全民覆盖、全民参与”，是我们党的具体目标。

（二）主要矛盾的发展阶段在变，实际不变

习近平总书记在党的十九大报告中指出：“必须认识到，我国社会主要矛盾的变化，没有改变我们对我国社会主义所处历史阶段的判断，我国仍处于并将长期处于社会主义初级阶段的基本国情没有变，我国是世界上最大发展中国家的国际地位没有变。[10]”社会主义初级阶段就是我国所处的基本国情和最大实际，必须牢牢把握，坚决立足于此。

1. 发展生产力是完善社会保障制度的前提

一方面，经济增长是社会保障的物质基础，它的水平决定了社会保障的规模和结构，经济增长的变化决定了社会保障制度的变革方向。[11]进入新时代，虽然中国的发展取得了极大的成就，但是仍然存在着生产力发展效益不高的问题，不容忽视。发展生产力是社会保障制度得以顺利推行的前提，我们要汲取过度浮华和不切实际导致保障效率低下、优化停滞、分配不均的教训，坚持将社会保障制度的具体目标建立在社会劳动生产率增长的基础上，将社会福利水平的提升建立在经济发展和财政状况可持续向上的基础上。另一方面，社会保障可以为经济增长提供良好而持久的动力。完善社会保障制度必须量力而行，循序渐进，不能脱离我国的现实实际提出过高的目标。当社会保障超出了适度的水平以后，也会造成“经济失衡”的现象，所以应该极力追求社会保障和经济发展之间的协调互动。

2. 仍需借鉴发达国家先进的社会保障制度

我国依旧是世界上最大的发展中国家，对于发达国家先进的社会保障制度应该取其精华，而不能闭门造车。英国是典型的福利国家，它的社会保障制度起源于1601年颁布的《济贫法》，自那时起便一直秉承了“均等收入、充分就业、普及福利、体系设施”的原则。这也启示着我国要继续明确社会保障制度的相关立法程序，提升其法律法规的层次，加速发展高覆盖、多层次的社会保障体系。养老和医疗最关乎民生。瑞典的社会保障制度覆盖普遍、条件宽松、待遇优渥，只要居住满三年，不管国籍何在，均可获得基本的国家养老津贴，医疗保险的覆盖率更是高达100%[12]。而

新加坡虽然是个非福利国家，却通过高效的筹资方式，为公民提供着平等的就业机会和优质的教育平台，尤其注重住房和养老的问题。这无疑是提醒我们要扩宽资金筹集渠道，调整制度结构，更加关注国计民生和影响社会稳定的因素。

3. 不忘与时俱进丰富社会保障制度的内容

发觉并紧扣新时代社会主要矛盾的新变化本就是与时俱进的表现。完善我国的社会保障制度也应自觉地运用新发展理念统领全局，与时俱进地丰富其内容。要针对不同的人群制定不同的政策：保障低保人口的基本物质生活，优化老年人的养老与医疗条件，实现失业人员的技能培训与再就业，减少农民工及大学毕业生常住人口获得福利的障碍。继养老、医疗、工伤、失业、生育这五项社会保险之后，“长期护理保险”正在我国逐步试验推行。这是基于当下失能、半失能老人的高占比现象而拟定的制度，为他们提供长期的照护，既捍卫了老年人的尊严，又缓解了家庭成员的压力。然而，目前这一制度与我国老龄化趋势的快速发展和老年人日益增长的护理需求还不能完全适应，应该进一步加强实践探索，特别是要增加从事长期护理服务的专职人员数量并提高他们的文化素质及业务能力。

参考文献

［1］马克思恩格斯全集（第8卷）［M］. 北京：人民出版社，1961：23.

［2］《马克思恩格斯选集（第1卷）［M］. 北京：人民出版社，1995：330.

［3］［10］习近平. 决胜全面建成小康社会夺取新时代中国特色社会主义伟大胜利［N］. 人民日报，2017-10-28.

［4］马克思恩格斯全集（第3卷）［M］. 北京：人民出版社，2002：40.

［5］武勇. 着力解决区域发展不平衡问题［N］. 中国社会科学报，2016-08-01.

[6] 马斯洛．动机与人格［M］．北京：华夏出版社，1987：40.

[7] 李春根，熊萌之，夏珺．从社会主要矛盾变化看我国社会保障制度改革方向［J］．社会保障研究，2018（2）.

[8] 商旸．社保如何为我们兜底［N］．人民日报，2017－11－14.

[9] 朱海龙，邓海卓．社会保障制度：网络时代的挑战与创新发展［J］．湖南农业大学学报（社会科学版），2018（2）.

[11] 陶纪坤．论社会保障与经济发展关系［J］．求实，2007（5）.

[12] 邹根宝．社会保障制度——欧盟国家的经验与改革［M］．上海：上海财经大学出版社，2001：29.

基于行政审批局的制度创新建议：行政审批官

——以武汉市 X 区为例

◎白　瑶　刘中兰

中国地质大学（武汉）公共管理学院，湖北武汉，430074

摘　要：作为行政审批改革的重要成果，行政审批局自出现至今已经经历十年时间。在改革持续深入的今天，行政审批局的固定模式开始出现各种问题，制约了改革的步伐。武汉市 X 区进行的行政审批改革便在这种固定模式的限制下作出了许多妥协，在科室沟通、信息沟通、流程优化和批管分离等问题上绕了远路。为此，未来的行政审批改革不应停在原地，要打破传统的审批局制度，用行政审批官这一新制度打通审批的障碍，建立更加专业、高效、透明的审批官人才队伍。

关键词：行政审批　机构设置　队伍建设　制度创新

行政审批改革经历了激发市场活力的简政放权、内部管理的权力规范和顾客导向的政府治理三个漫长阶段[1]，并取得了一定的成果，但改革仍然任重道远。党的十八届三中全会做出了继续深化行政审批制度改革的重要决定。十九大继续提出要坚持全面深化改革，坚决破除一切不合时宜的思想观念和体制机制弊端，突破利益固化的樊篱，构建系统完备、科学规范、运行有效的制度体系。2018 年，党和国家进一步提出了对行政审批改革的要求。国务院提出要采取措施将企业开办和工程建设项目审批时间缩短一半以上；2008 年 5 月 23 日，国务院办公厅印发《关于深入推进审批服务便民化的指导意见》；2008 年 6 月 10 日发布《进一步深化“互联网 + 政务服务”推进政务服务“一网、一门、一次”改革实施方案》；2008 年 7 月 3 日，李克强在全国深化“放管服”改革转变政府职能电视电话会议上强调持续深化“放管服”改革，推动该政府职能继续转变，最大限度地激发市场活力；2008 年 7 月 19 日，印发《关于成立国务院推进政府职能转变和“放管服”改革协调小组的通知》；2008 年 7 月 25 日，印发《关于加快推进全国一体化在线政务服务平台建设的指导意见》。行政审批制度改革的重要性可见一斑，其内容已经成为国内外学术界研究的热点和当前公共管理学科的重要课题。

自 2008 年成都市武侯区成立“全国第一个行政审批局”以来，行政审批局的改革模式遍地开花，集中审批流程，缩减审批事项成了地方政府行政审批改革的良方，也成为学界研究的一个重点。然而，行政审批局的成立是否真能使改革的难题迎刃而解，将审批集中于审批局的过程中又是否存在其他问题？以 X 区的行政审批局改革为例，可以窥见全国改革进程中普遍存在的问题。而若要破除这些问题，切实重塑行政审批制度，建立行政审批官制度，从人事制度方面进行改革创新是一条可行路径。

一、行政审批改革研究与各地实践

（一）学界研究概况

近几年，关于行政审批改革的研究热度持续走高，学者们对改革总体是持积极态度的。有学者通过实证研究验证行政审批改革的效果，证明在审批成为地方官员手中权力的情况下，进行审批改革能有效抑制官员权力和地方产能过度扩张。[2] 改革通过减少企业的交易费用和社会成本，还能一定程度上推动经济的增长[3]。其中，行政审批局的建立对审批改革的积极意义也得到认可。首先，作为行政审批局的前身，政务服务中心降低了企业的交易成本，它包含的集中审批到集成服务的内涵体现了行政审批改革的必然趋势[4-5]；而行政审批局在此基础上打破审批的横向阻隔，将审批流程集成化，促进政府职能进一步转变，它“不是改革的可选项，而是必选项。”[6]

然而，在实际的进程中，改革似乎并非那么一帆风顺。最常见的问题便是过于依赖技术的变革。大数据的兴起使很多地方将行政审批改革与大数据平台进行结合，以期用大数据的技术来推动改革。但大数据与审批改革的结合还存在许多限制，将改革的突破全部给予技术创新是不现实的，宋林霖便提出，多数政府都停留在设想阶段，实践上十分薄弱，存在滥用和炒作概念的问题。[7]网上审批同样是各地普遍进行的技术创新手段，实现网上审批的技术并不困难，但更大的制约因素反而来自制度。分散的政府组织、传统的权责体系等在很大程度上约束了网上审批的实现。[8]行政审批权力清单的建构同样存在问题。缺乏统一的标准使各地清单名目差别较大，使企业在跨省的事项办理中时常碰壁[9]；部分政府为了保留一定审批权力或体现改革成果，还存在着虚设名目、夸大削减数字的问题，使清单内容的合法性遭到质疑。[10]

除此之外，还存在改革过于形式化、权力下放不到位、缺乏监管等问题，使行政审批改革的实际效果大打折扣。[11]要克服这些问题，加强技术创新自不必说，而技术之外的变革更为关键。依法行政、提高清单建设的合法性是基础[12]，整体构建政府职能、明晰职责是必需[1]，以顾客导向为引导、弱审批强监管是手段[13]，但最重要的是打破固有格局，切实改变行政审批分割零散的体制。对于那些保留制度基础，只在技术上求变，或是想改变制度却无从下手只能修修补补的“半吊子”改革而言，最好的方式就是“先立后破”，大刀阔斧地用新制度取代旧制度。[14]

（二）各地的行政审批局实践

在行政审批局模式诞生到兴起的十年间，各地都在打造独具地方特色和优势的行政审批局。武侯区行政审批局行政审批局与武侯区人民政府政务服务中心实行“一个机构两块牌子”的运行模式。内设 7 个科室，即办公室、政策法规科、社会类事项审批科、经济类事项审批科、建设类事项审批科、协调管理科、指导监督科。这种机构设置后来为多地效仿，如盱眙县的全国第一家县级行政审批局。

天津滨海新区和银川市行政审批局等率先实行了“一枚印章管审批”的举措。滨海新区打破按部门审批的方式，再造“车间式流水线”审批流程；银川引进网上审批和智慧政务服务平台，两地都在武侯区行政审批局的基础上进行了创新，进一步缩减了审批时间，优化了审批流程。

南通市和上海自贸区都重点打造清单模式，南通市强调“清单之外无审批”，而上海自贸区则开创了外资准入领域的负面清单模式，这一探索在我国改革开放的进程中具有里程碑式的意义。

各地的创新带动了行政审批局的发展，加快了行政审批制度改革的进程。然而，发展的步伐到了今日，也逐渐形成了一个相对固定的模式，即行政审批局的牌子，分职能审批的机构设置，清单 + 删减事项的流程优化方式，以及线上审批 + 电子平台的互联网模式。无论已经相对成熟的审批局还是正在规划建设中的审批局，最终都会或多或少地采用这样的组合模式。那么，这样的模式是已经成熟完善的优质模板，还是使行政审批制度改革陷入某种僵局的牢笼呢？

二、X 区行政审批局的改革与困境

（一）改革概况

X 区行政审批局于 2016 年 12 月 27 日挂牌成立，2017 年 3 月 31 日正式运行，目前正在进行 3.0 的改革。3.0 改革针对 X 区行政审批局成立以来的问题，从体制机制、流程再造、帮办队伍、中介组织、审批文化、网络信息化等方面进行了进一步调整和完善，取得了一定成果。审批事项方面，划转了 18 个职能部门行政许可事项 131 项。体制方面，推进简政放权，打造区、街道、社区的“三级联动的全区通办的服务体系”，畅通便民的“最后一公里”。流程再造方面，打造“项目预审”“互联网 + 阳光审批”“全部收费后置”3个亮点，并研究制订了“X区工业、服务业建设项目审批流程图”，将审批时限由原来的80余天减少到38天，减幅达52%。中介组织方面，提出了诚中介管理平台的完整构思方案，力求规范中介监管体系。监管方面则形成批管分离前提下的多方联合监督模式。权力被划转部门是后续监管责任主体。承担对行政审批行为的合法性和获批企业的具体落实行为进行监管的主体责任。行政审批局作为权力划入单位，“集中”履行事务审批的职能，对审批行为负责，协同后续监管。企业、中介机构、第三方机构也可以行使监督权。

（二）改革存在的问题

X区的行政审批局建设速度较快，改革也取得了一定的成果，但并不意味着改革只有成就而没有问题。一言以蔽之，目前的3.0改革是受制于固有体制的“妥协式改革”。X区行政审批局的建设模式基本上与国内的典型模式相同，机构设置也与武侯区等地类似，分为“一办五科三中心”，按照“编随事转、人随事走”的原则，将原职能部门承担行政审批工作的人员连人带编划转到行政审批局（见图1）。

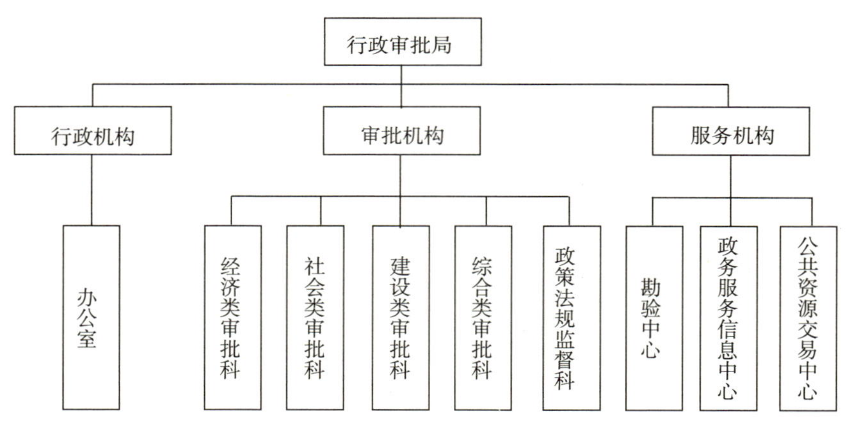

图1 X区行政审批局机构设置

借鉴成熟模式能帮助审批局快速成立，并具备基本的框架和运行的能力。但这种模式在X区的改革中却暴露出了一定问题，当改革进行到一定阶段后，反而制约了改革的步伐。这种制约体现在，按照各地建立审批局的普遍做法，将审批机构按事务类别进行分割，会导致内部科室的沟通不畅，随之而来的是信息共享难、流程优化难、批管分离难的“三难”问题。其实，这些问题不难解决，但在不改变机构设置的情况下，很难采取最优解，只好绕远路。

1. 科室协调难

X 区行政审批局机构设置为“一办五科三中心”，局内部各机构地位上平等，职权上相互独立，业务上既相互监督又相互协调。但是各科室业务分别来自原来 18 家单位的审批事项，人员来自各被划转单位。因此目前行政审批局审批业务在组合协调上处于相互独立的格局，科室人员在融洽度上还存在障碍。在相对集中审批权后审批项目时有交叉，各科室无缝隙衔接、合作，才能达到简化流程、提高效率的目的。但是目前各科室及其人员沟通协调不畅，审批效率难以提高。

针对科室协调不到位的问题，曾有多种解决方案可供选择，但在保证机构设置不变的情况下，多数方案都无法实现。最终，X 区行政审批局选择根据行政审批业务流程中的四个阶段，即窗口阶段、行政审批阶段、技术审批和后续协调监管阶段，按照审批流程和业务职能关联性将部门和人员集中集成，形成四个工作团队：大厅服务团队、行政审批团队、踏勘团队和信息团队。四个工作团队不改变行政审批局“一办五科三中心”的机构设置，不影响各科室职能的发挥，分别由各分管副局长或者某一个科室负责任人来牵头领导。组建工作团队的做法虽然看似将分割的科室组合了起来，但并没有改变其实质，并且反而增加了新的组织形式，不符合如今精简、扁平的机构设置原则。

2. 信息共享难

先线下后线上的思路决定当前审批依然以线下审批为主，在探索线上“互联网 + 审批”上基础较为薄弱、步伐较为缓慢。在实现“数据跑路”目标上缺乏技术支撑和平台依托，同样线下审批因所属科室有别以及业务类型的不同也很难实现“证件跑路”。X 区行政审批改革整体上没有建立信息共享平台，导致信息共享具有滞后性，严重影响审批的效率。为解决这一问题，X区行政审批改革积极推进“互联网+审批”，努力实现审批一张网，一枚章，打造“X速度”。然而在推进电子政务的过程中，如不对现行的政府进行必要的调整改革，只是单纯将互联网概念加入传统的政府管理体制中，那便很难为网上审批平台创造合适的制度环境。线上打通平台，线下却不打破壁垒，治标不治本。

3. 流程优化难

X区为进一步压缩审批时间，在流程优化方面也下了很大功夫。在总业务流程、分类业务流程、科室办件流程、现场勘查流程等方面进行了再造设计。然而，在分职能科室机构不变的情况下，具体业务流程无论怎么再造，也避免不了在各个科室之间的流转，使流程优化的余地变得十分有限。流程优化除了使市民和企业感受到快捷以外，内部也应该精简、流畅，将整个审批过程最简化、最优化。

4. 批管分离难

“批管分离”是X区行政审批的改革亮点和创新。前已述及，X区行政审批改革采取了多方联合监督模式。权力被划转部门是后续监管责任主体，承担对行政审批行为的合法性和获批企业的具体落实行为进行监管的主体责任；行政审批局是后续监管的协同主体，按照“批管分离”原则，行政审批局作为权力划入单位，“集中”履行事务审批的职能，对审批行为负责，协同后续监管；企业、中介机构、第三方机构也可以行使监督权，监督行政审批局的审批行为是否合法和审批事项原主管部门的审批后续监管行为是否落实到位（见图2）。

在“批管分离”的原则下，要切实保障行政审批的合法性以及审批后行为主体遵纪守法的落实行为，需要建立行政审批与后续监管协同体系。在实际操作过程中，由于信息沟通不畅等各种原因往往会出现“批管脱节”问题。为此，X区改革从“线上”和“线下”双管齐下，一方面建立统一的信息沟通平台，另一方面建立行政审批监管清单制度，加强后续监管的落实。尽管X区付出了很大努力，但不难看出，目前设计的协同监管体系其实并没有完全实现批管分离，行政审批局的审批和监管责任仍没有划分

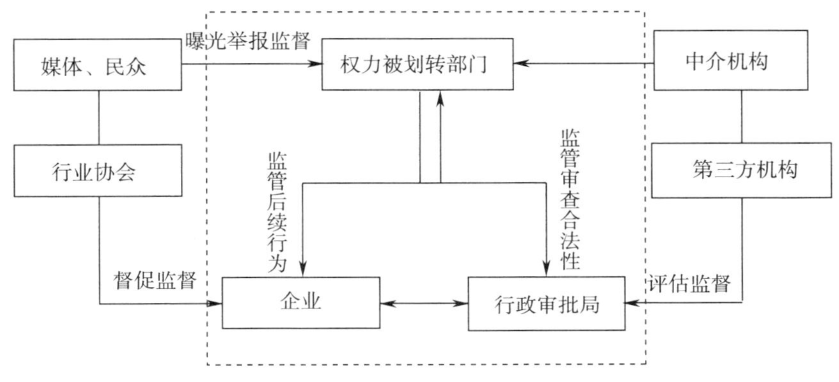

图 2　X 区行政审批监管体系

得非常明确。

三、打破固有牢笼的制度改革建议：行政审批官

全国各地的行政审批局像 X 区这样的行政审批改革并不少。虽也付出了很大精力进行改革和设计，但始终没有一鼓作气打破行政审批局的基础体制，很多问题变得复杂了。科室间隔的问题影响到的不仅仅是科室协调，更牵连到大厅设计、流程设置、人员匹配、信息沟通、后续监管等诸多问题。事实上，若能打破类似这样的固定制度束缚，用全新的制度以破促立，很多问题都能迎刃而解。因此，建议打造行政审批官制度。

（一）何为行政审批官

行政审批官指专门负责审批的、具有相关资质和能力的专业技术人员。法院检察官制度和海南省首推的企业注册官制度是行政审批官制度的参考来源。海南省于 2014 年正式推行企业注册官制度，使工商登记注册将由原来的层层审批、职责不清转变为由公司注册官一人核准、独立承担行政责任的形式。同理，行政审批官制度是对审批局内设立众多职能部门的机制的彻底颠覆，使部门设置简单流畅，从而打通审批各步骤，以实现审批流程进一步优化，批管职责进一步明确分离的改革目的。它既是一种人事制度，也是一种岗位制度。行政审批官制度将改变审批局现有内部体制，彻底打破职能部门的界限和区别，使审批流程简化、综合于审批官一人，形成“一人审批、全程服务、一办到底、终身负责”的高效审批模式。审批官负责行政审批局的各类审批事项，依据相关法律法规和政策文件进行审批工作；审批完成后进行反馈；负责对接踏勘中心，委托其踏勘任务，并依据踏勘结果进行审批工作；对接手的审批任务实行终身负责制。

（二）行政审批官制度下的改革之道

行政审批官队伍是一支隶属于审批局的独立、高效、专业的队伍，具有“3L”的特点（见图 3），在这种制度下进行行政审批改革，很多行政审批问题都能迎刃而解。3L 同时也是针对流程优化、信息沟通和批管分离的三种审批官制度，三种制度既是解决审批改革问题的良方，也是保证审批官自身纯洁性的手段。

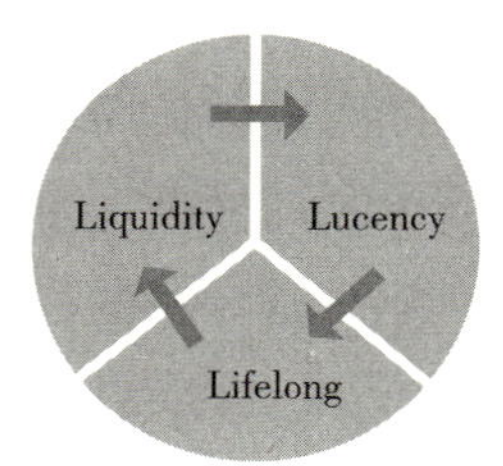

图 3 行政审批官 3L 特性

1. Liquidity：一人审批制

Liquidity（流畅）指审批过程流畅、信息沟通流畅。行政审批官制度取代分职能各部门后，行政审批官本身将成为综合性的审批人才，只分等级不分专业。任何审批事项从窗口进入后可按照级别直接分派给任何对应级别审批官，形成窗口与踏勘中心直接对接审批官本人的直通模式，大幅缩减因部门分隔而造成的分类、沟通时间，使审批过程清晰流畅。在实现审批官专人负责制后，线上审批也能随线下审批同时提速。信息沟通过程对内将通过内部政务系统全面打通，综合型的行政审批官将不分类别获取全部审批信息，未来政务平台的建设便可以将重点放在对外的信息沟通与公开上。

2. Lucency：匿名公开制

Lucency（透明）指审批过程、结果公开透明。行政审批业务集成于行政审批官一人时，容易出现腐败问题，审批的公平、公正亟待保障。在过程、信息、结果的公开上，可以采取分阶段、分内外的公开方式。审批过程中，对内实时公开全部信息，包括负责人、处理流程、时间等，对外仅公开审批流程和各节点处理日期，审批官则匿名显示；审批结束后，则面向社会公开全部审批内容，确保审批全程可监督。如过程中需要补充资料、答疑帮助等，则线下由窗口或帮办队伍与企业、个人对接，线上由审批官匿名指导，避免审批官与企业的直接接触。

3. Lifelong：终身追责制

Lifelong（终身）则指一办到底，终身负责。业务一旦通过审批，则将完整情况归档于负责审批官名下，日后有关审批的一切问题都由原负责审批官处理。同样，如果将来发现审批中存在问题，也同样可以追责。这一点和检察官、法官的终身追责制类似。在行政审批官制度下，审批局的监管责任主要在内部，无论是窗口、踏勘还是审批官，凡与内部审批事项相关的人、事、物皆由审批局负责监管，而审批事项一旦结束并送出窗口，后续与审批无关的一切监管责任将不再由审批局负责，由此做到批管分离。

（三）行政审批官的制度设计

仅有行政审批官的概念构想并不具有实际意义，必须保证一个制度的构想具有可行性。目前全国审批局自行建立，制度自行规定，容易在地区间产生分歧，不利于改革纵深发展。未来的行政审批官制度应该是全国统一的、明确的。行政审批局体制下，行政审批局业务庞杂导致其工作队伍构成和要求不同于一般的政府职能部门，基本分为综合管理类人员、后台业务类人员、入驻人员和窗口人员以及帮办服务类人员。根据不同的岗位职责和岗位属性，队伍建设的途径和具体方式呈现差异化。审批官属于后台业务类人员。行政审批改革的进展要求行政审批官构想需要有可行的制度设计，以便将概念尽快转变为一支专业、高效的现实审批官队伍，因此其来源和其等级设置值得探讨。

1. 来源模式

行政审批官必须专业专职，对素质要求和业务能力要求高。他们需要熟悉行政法、行政许可法以及各种审批制度规范和业务流程的知识，专注于审批专业事务。因此来源上拒绝兼职和随意任用，以便管理和监督。因此，审批官必须纳入公务员体系成为一支新队伍，基本的来源模式便和公务员招考一致。然而，考虑到现实情况是短期内一部分审批局的现有人员需要转化为审批官，长期则必须有稳定可靠的模式来为审批官供血，这两部分情况应该分别讨论。

模式一：短期内，将原职能部门已划转人员及审批局已有审批人员经过培训，按照“人随事走”原则，直接成为审批官，并通过考核定级。也可采用行政审批局自主选拔模式，根据基本岗位职责和岗位人员所需的业务素质与综合素质，按照人岗匹配原则，年龄、性格、性别、知识互补原则，本着公平、公正、公开的原则，在各职能部门进行自主选拔，合理选拔和配置管理干部队伍。这种模式用于行政审批官制度建立的初期，尚未形成审批官培养模式的情况下可以尽快组建出一支较为专业的队伍。实际工作中依靠他们反馈审批官制度中存在的问题，也可及时调整。

模式二：为长期性和专业性考虑，必须建立公开招考遴选模式，并配合学科培养，从高校输送人才。可在公共管理或工商管理一级学科下设立行政审批二级学科，或在公共管理及行政管理学科下开设相应行政审批课程。通过正规学科培养的方式，在高校储备起一批高素质人才，具备更强的专业性和稳定性。但无论是否经过学科培养，都需要通过行政审批专业考试，获得全国认可的审批资格证书，方可参加公务员招考。

2. 等级设置

既然已有独立的审批官来源模式，就也要使其拥有独立的上升通道，以激励和稳定专业队伍，因此等级设置必不可少。考虑到行政审批局以地级市及以下级别建立为主，等级设置与之对应，可分为三等六级。等级设置由高到低，三等分别对应高级审批官、中级审批官和审批官；每等两级，一级对应正处级，二级对应副处级，三级对应正科级，四级对应副科员，五级对应科员，六级对应办事员。不同等级审批官职能范围不同、权责大小不同。具体的审批官的职责范围见表1。

表1　　行政审批官级别及职能范围

审批官级别		职责范围1（按对象）	职责范围2（按许可）	工作地点
高级审批官	一级	全部对象	全部许可种类	行政审批局
	二级			
中级审批官	三级	中小企业、组织、个人	普通许可、认可、核准、登记等	行政审批局
	四级			
审批官	五级	小微企业、个人	普通许可、登记等	街道
	六级			

四、行政审批改革需要建立统一专门的审批队伍

行政审批改革是一个从集中审批到集成服务的过程[5]，不断深入改革、优化制度不仅为了打通内部提升效率，更是为了提高服务质量，为外部提供高效、简便、专业、透明的审批服务。为了这个目的，各地政府和学界各学者多年来不断进行尝试和研究，逐渐形成了行政审批局的模式，使审批效率大幅上升。然而，改革还在不断继续，行政审批局设立之初的一些构想和架构延续至今已经开始出现问题，证明针对行政审批局仍需探索优化路径。面对诸如X区存在的科室协调、信息沟通、流程优化和批管分离等问题，行政审批官制度是一个可行的解决之道。

行政审批官制度并非是解决审批改革难题的万能灵药，但它具备的高效、极简、透明的核心理念是行政审批改革的必然方向，也是一次对现有审批局制度突破重塑的积极尝试。为了切实推动马上办、网上办、就近办、一次办的“四办”要求，行政审批官制度值得继续研究，而未来如要蹚过改革的深水区，势必要建立这样一支统一专门的审批队伍，形成行政审批局新的长效机制。

参考文献

[1] 艾琳，王刚．行政审批制度改革中的“亚历山大绳结”现象与破解研究——以天津、银川行政审批局改革为例［J］．中国行政管理，2016

(2): 10 - 13.

[2] 刘诚, 钟春平. 产能扩张中的行政审批: 成也萧何, 败也萧何 [J]. 财贸经济, 2018 (3).

[3] 夏杰长, 刘诚. 行政审批改革、交易费库与中国经济增长 [J]. 管理世界, 2017 (4): 47 - 59.

[4] 王永进, 冯笑. 行政审批制度改革与企业创新 [J]. 中国工业经济, 2018 (2): 24 - 42.

[5] 艾琳, 王刚, 张卫清. 由集中审批到集成服务——行政审批制度改革的路径选择与政务服务中心的发展趋势 [J]. 中国行政管理, 2013 (4): 17 - 21.

[6] 宋林霖. "行政审批局"模式: 基于行政组织与环境互动的理论分析框架 [J]. 中国行政管理, 2016 (6).

[7] 宋林霖, 何成祥. 大数据技术在行政审批制度改革中的应用分析 [J]. 上海行政学院学报, 2018 (1): 72 - 80.

[8] 杨旎. 整体性治理理论视角下"互联网 +"行政审批的优化 [J]. 电子政务, 2017 (10): 38 - 45.

[9] 宋雄伟. 地方政府行政审批制度改革执行困境与推进策略——基于 2012—2015 年 A 省的调查研究 [J]. 理论探讨, 2017 (1): 33 - 37.

[10] 王克稳. 行政审批 (许可) 权力清单建构中的法律问题 [J]. 中国法学, 2017 (1): 89 - 108.

[11] 孙彩红. 地方行政审批制度改革的困境与推进路径 [J]. 政治学研究, 2017 (6): 81 - 90.

[12] 魏琼. 简政放权背景下的行政审批改革 [J]. 政治与法律, 2013 (9): 58 - 65.

[13] 骆梅英. 行政审批制度改革: 从碎片政府到整体政府 [J]. 中国行政管理, 2013 (5): 23 - 27.

[14] 蓝志勇, 张腾, 李廷. 从"不破不立"到"以立促破"——行政审批制度改革的创新思考 [J]. 理论与改革, 2017 (1): 104 - 112.

北京市失业保险制度运行综合评价
——基于2005—2016年时间序列数据的分析*

◎陆　草

武汉大学社会保障研究中心，430072

摘　要： 北京市处于我国失业保险改革前沿，对北京市失业保险制度运行的科学评价，关系到其未来发展。依托2005—2016年时间序列数据，以北京市失业保险制度的运行及综合评价为范畴，重点关注失业保险制度保障生活和促进就业的功能，从失业状况、基金收支情况和保障度三方面选取10个指标构建评价指标体系，运用描述性分析和线性多指标综合评价相结合的方法探究失业保险制度运行。发现失业保险基金支出增速对制度运行影响最大，2006年以来的扩大失业保险基金支出范围的政策改善了失业保险制度运行状况。同时发现制度存在失业保险金受益率和替代率偏低，职业培训再就业率有待提高、参保人群和受益人群错位等问题，进而提出针对性对策，以推动北京市失业保险制度发展。

关键词： 失业保险制度　北京　综合评价

---

* 陆草，女，汉族，河南洛阳人，武汉大学社会保障研究中心硕士研究生，管理学学位。研究方向：社会保障理论与政策。

一、引言

2006 年 1 月，北京市作为扩大失业保险基金支出范围试点之一，开始积极探索扩大支出的范围和项目。失业保险金标准逐步提高，2006 年到 2016 年失业保险金的最低标准和最高标准分别从 392 元和 501 元提高到 1212 元和 1321 元。失业保险基金支出结构也逐渐发生变化，2015 年北京市失业保险制度用于促进就业和预防失业的支出占失业保险基金支出的比重达 80. 37%，而该比重在 2006 年仅为 18%。失业保险金标准的提高和用于促进就业资金的增加是否真正改善了失业保险制度的运行状况，实现了“保障失业人员失业期间的基本生活，促进其再就业”的制度目标，需要描述性分析和实证分析结果作为判断依据。此外扩支试点至今已超过 10 年，需要对其进行总结和评价，以检验一系列改革政策的有效性。因此参考养老保险制度和医疗保险制度评价已有研究范式，运用描述性分析和多指标线性综合评价相结合的分析方法，构建评价指标体系，从失业状况、基金收支情况和保障度三方面综合评价北京市失业保险制度的运行，发现制约制度运行水平提升的“瓶颈”，进而提出相关对策，以推动北京市失业保险制度发展。

二、研究综述

我国综合评价活动最早出现于改革开放前的物质生产领域，后来扩展到科技、创新、知识经济领域，并逐渐被用于对养老保险制度、医疗保险制度和失业保险制度的评价。

学术界关于失业保险制度运行的评价主要集中于全国层面，并经历了由规范分析向实证分析转变的过程。郑功成以失业保险制度对保障需求反应、有效投入、保障需求满足度和资源分配公平度四个评估维度为综合评估标准，探究初创时期的失业保险制度运行效果[1]。钱振伟和张艳借鉴郑功成的四个评估维度，采用层次分析法，将评估标准进一步细化和具体化，构建制度运行效率评价指标体系，分析欠发达地区失业保险制度[2]。栗永锋在前者研究的基础上，以失业率、制度覆盖率、享受率、平均失业保险金和人均滚存结余为评价指标，建立综合评价模型，实证分析失业保险制度促进就业的效果[3]。陈涛进一步完善评价指标，增加对失业保险基金收支及结余增长速度指标的考察，从失业状况、制度实施效果和保障水平三方面选取 8 个指标构建评价指标体系，纵向综合评价失业保险促进就业的作用[4]。宋雪程进一步将职业培训和职业介绍基金支出率、职业介绍成功率纳入评价指标，从失业状况、发展水平和规模及基金收支三方面选取 11 个指标构建评价指标体系，实证分析失业保险制度运行[5]。

对于省市级失业保险制度运行的评价，现有研究多采用规范分析方法。如安锦、陈心颖、朱莉莉和褚福灵主要从失业保险的待遇水平、生活保障和可持续性方面分别对天津市、福建省和北京市的失业保险制度的运行进行了描述性评价[6-8]。已有研究对省市级失业保险制度运行的实证分析相对不足，但实证分析相较于规范分析更能全面真实地反映省市级失业保险制度运行情况，且相应政策建议相较于全国层面更具针对性。因此，将全国层面的实证分析方法应用到北京市失业保险制度运行的分析，同时增加对职业培训再就业率指标的考察，以期更全面地评价北京市失业保险制度运行情况。

三、评价指标体系的构建和描述性分析

（一）评价指标体系的构建

为确保评价指标体系的合理性和完整性，采取逐层细化的方法确定评价指标，评价指标选取一共经历三个阶段，首先是围绕失业保险制度保障生活和促进就业的两大运行目标列举所有相关指标，并按照数据的可得性、统计口径一致性和时间序列完整性进行筛选。然后将筛选后的指标聚类为失业状况、基金收支情况和保障度。最后采用典型指标法，将三类中最具代表性的 10 个指标确定为最终的评价指标，从而构建起相对完备的评价指标体系，如图 1 所示。考虑到 2006 年北京市开始实施一系列积极就业政策，因此以 2005 年为时间起点选取数据进行实证分析，以形成对照。

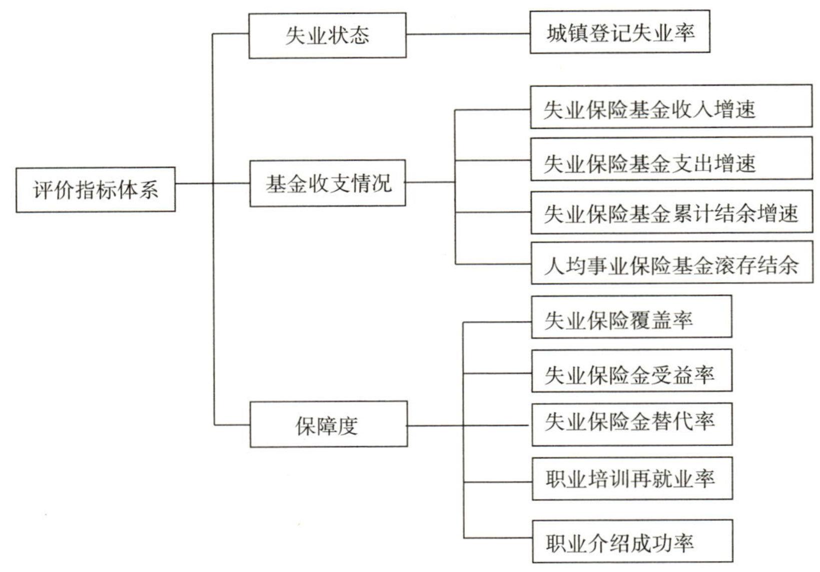

图1　失业保险制度运行综合评价指标体系

（二）描述性分析

1. 失业状况

失业状况主要体现为城镇登记失业率。如表1所示，北京市城镇登记失业率整体呈现逐渐下降趋势，不同于全国城镇登记失业率峰值出现在处于金融危机期间的2009年，北京市城镇登记失业率的峰值则在2005年，金融危机期间的北京市城镇登记失业率相较于危机前的2007年有所下降，城镇登记失业率可能存在一定程度失真。

2. 基金收支情况

（1）失业保险基金收入增速

失业保险基金收入增速的计算如公式（1）所示，它能够灵活动态地反映失业保险基金收入的变化，北京市失业保险基金收入主要来自失业保险费收入以及失业保险基金存入银行和购买国债所获得的利息。2008年受金融危机影响，北京市部分企业破产倒闭，经营效益下降，失业保险费缴纳存在困难，出现少缴和欠缴的情况，影响了失业保险基金收入的增速，失业保险基金收入增速从2008年22.28%下降到2009年的-19.70%。为应对金融危机，自2009年4月1日起，北京市将失业保险费率由用人单位缴纳1.5%下调至1.0%，个人缴纳0.5%下调至0.2%，起到了助推失业保险基金收入增速下降的作用。2016年5月31日，北京市进一步将用人单位缴费比例由1.0%下调至0.8%，进一步降低了参保单位的负担，北京市失业保险基金收入增速从2015年的30.39%下降到了2016年的-1.19%。

失业保险基金收入增速 =（基金当年收入/基金上年收入 -1）×100% （1）

（2）失业保险基金支出增速

失业保险基金支出增速的计算如公式（2）所示，它反映了失业保险基金支出的变化速度。北京市失业保险基金除用于失业保险金和农民工一次性生活补助等保障生活支出外，还用于职业培训补贴，职业介绍补贴和稳定岗位补贴等促进就业和稳定就业支出。2007年修订的《北京市失业保险规定》在原支出项目的基础上将社会保险补贴和岗位补贴纳入基金支出范围，推动了失业保险基金支出增速由2007年的-12.16%提高到2008年的27.18%。2009年北京市进一步将个人的职业技能提升补贴和创业培训补贴纳入基金支出范围，助推2010年失业保险基金支出增速达到40.75%。

失业保险基金当年支出增速 =（基金支出/基金上年支出 -1）×100% （2）

表1　2005—2016年北京市失业状况及失业保险基金收支情况

年份	城镇登记失业率（%）	失业保险基金收入增速（%）	失业保险基金支出增速（%）	失业保险基金累计结余增速（%）	人均失业保险金滚存结余（元）
2005	2.10	22.16	22.57	35.85	615.61
2006	2.00	18.42	-8.85	47.73	674.25
2007	1.84	25.90	-12.16	54.81	940.28
2008	1.82	22.28	27.18	42.25	1165.53
2009	1.44	-19.70	32.24	14.07	1208.71
2010	1.37	7.43	40.75	5.98	1118.03
2011	1.39	21.27	10.33	10.01	1080.86

续表

年份	城镇登记失业率（%）	失业保险基金收入增速（%）	失业保险基金支出增速（%）	失业保险基金累计结余增速（%）	人均失业保险金滚存结余（元）
2012	1.27	27.48	4.54	18.27	1118.74
2013	1.21	21.87	10.95	21.63	1336.35
2014	1.31	10.91	11.95	19.48	1548.38
2015	1.39	30.39	19.01	23.76	1871.68
2016	1.41	-1.19	44.21	9.34	1986.55

数据来源：根据《中国劳动统计年鉴（2006—2017）》的相关数据整理计算得出。

（3）失业保险基金累计结余增速

失业保险基金累计结余增速的计算如公式（3）所示，它反映了失业保险基金累计结余的变化情况，它是失业保险基金收入变化和支出变化共同作用的结果。2006 年北京市失业保险基金累计结余达到 325124 万元，可供 2.69 年失业保险基金的支出，为盘活闲置的失业保险基金，提高基金使用率，作为东部 7 个试点省市之一，北京市开始扩大失业保险基金用于就业方面的支出，失业保险基金累计结余增速逐渐下降。

$$\text{失业保险基金累计结余增速} = (\text{基金当年累计结余} / \text{基金上年累计结余} - 1) \times 100\% \quad (3)$$

（4）人均失业保险基金滚存结余

人均失业保险基金滚存结余的计算如公式（4）所示，它体现了失业保险基金累计结余对失业保险参保人员的保障程度。如表 1 所示，北京市人均失业保险基金滚存结余整体逐步增加，一方面表明北京市失业保险制度具有较高的安全性和较好的可持续性，另一方面也反映了北京市失业保险基金的使用效率有待提升，具备进一步扩大基金支出的资金基础。

$$\text{人均失业保险基金滚存结余} = \text{基金累计结余} / \text{失业保险参保人数} \quad (4)$$

3. 保障度

（1）失业保险覆盖率

失业保险制度的保障度首先体现在实际参加失业保险人数占应参加失

业保险人数的比例，即失业保险覆盖率，具体计算如公式（5）所示，它反映了制度应保已保的情况，较高的覆盖率是失业保险制度发挥保障生活和促进就业作用的前提条件，能够更好地满足失业保险制度改革的需要。如表2所示，2005年到2016年，北京市失业保险制度的覆盖率由52.64%提高到了97.71%，在2010年已达到国际劳工组织《关于促进就业和失业保护公约》中规定的85%以上的标准。考虑到2007年修订的《北京市失业保险条例》将失业保险制度的覆盖范围确定为北京市行政区域内的城镇企事业单位及职工，而不包括公务员群体，覆盖率无法达到100%，因此目前北京市失业保险制度已基本实现应保尽保。

城镇单位就业人数 = 城镇就业人数 - 城镇个体就业人数

失业保险覆盖率 =（失业保险参保人数 / 城镇单位就业人数）× 100%　　（5）

（2）失业保险金受益率

失业保险保障基本生活情况首先体现在失业保险金受益率上，具体计算如公式（6）所示，它反映了参保职工在失业后获得基本生活保障的概率，是衡量制度瞄准度的重要标尺。失业保险金受益率越高，表明城镇单位职工在失业后越能获得收入支持，从而减少因收入中断导致生活水平下降的问题。2005年到2016年，北京市失业保险金受益率在轻微波动中逐渐提高，但目前失业保险金受益率水平仍然偏低。

失业保险金受益率 =（领取失业保险金人数 / 城镇登记失业人数）× 100%　　（6）

（3）失业保险金替代率

失业人员领取失业保险金后需要考量的是所领取的失业保险金保障其基本生活的程度。由于部分年份失业保险金支出数据缺失，无法通过失业保险金支出与领取失业保险金人数的比值求得平均失业保险金。因而使用失业保险金最低标准和最高标准的平均值来代替平均失业保险金，具体计算如公式（7）所示。

北京市失业保险金的发放标准经历了由按照北京市最低工资标准的

70%～90%发放到根据缴费年限，按照低于北京市最低工资标准，高于最低生活保障标准发放的变化过程。如表2所示，2005—2016年，北京市失业保险金替代率整体围绕12%的水平变动，无明显提升。

平均失业保险金 =（失业保险金最低标准 + 失业保险金最高标准）/2

失业保险金替代率 =（平均失业保险金 / 城镇单位在岗职工平均工资）×100%　　（7）

（4）职业培训再就业率

失业保险制度主要是通过职业培训和职业介绍发挥促进就业的作用，其中职业培训通过提高劳动者技能来增强其就业再就业能力，是促进劳动者就业再就业的有效途径。《中国劳动统计年鉴》将职业培训的主体分为技工学校、再就业训练中心和民办职业培训机构。由于技工学校培训人数缺失且三类主体均未将经培训实现就业的人数进行人员分类，因此选取就业训练中心和民办职业培训整体的职业培训再就业率反映其对失业人员职业培训的有效性，计算如公式（8）所示。2005年至2016年，北京市职业培训再就业率整体在40%～50%的水平变动，无显著提升。

职业培训再就业率 =（职业培训后再就业人数/参加职业培训人数）×100%　　（8）

表2　北京市失业保险制度保障度情况

年份	失业保险覆盖率（%）	失业保险金受益率（%）	失业保险金替代率（%）	职业培训再就业率（%）	失业人员职业介绍成功率（%）
2005	52.64	33.02	15.32	46.40	56.15
2006	67.18	29.81	13.36	57.76	59.99
2007	73.24	28.30	12.29	61.38	61.72
2008	78.02	25.24	12.16	47.26	59.07
2009	79.60	21.95	12.72	39.13	56.49
2010	85.58	20.78	12.54	53.21	70.86
2011	91.10	24.69	13.24	41.99	72.46
2012	98.35	28.40	12.61	43.76	71.39

续表

年份	失业保险覆盖率（%）	失业保险金受益率（%）	失业保险金替代率（%）	职业培训再就业率（%）	失业人员职业介绍成功率（%）
2013	93. 36	32. 00	12. 16	36. 86	67. 11
2014	96. 01	40. 54	12. 38	49. 76	49. 19
2015	97. 76	43. 59	12. 49	41. 52	53. 51
2016	97. 71	46. 25	12. 38	38. 06	53. 68

数据来源：失业保险覆盖率、失业保险金受益率、职业培训再就业率和失业人员职业介绍成功率均根据《中国劳动统计年鉴（2006—2017）》相关数据整理计算得出；失业保险金替代率根据《北京统计年鉴 2017》的失业保险金最低标准、失业保险金最高标准和城镇单位在岗职工平均工资计算得出。

（5）失业人员职业介绍成功率

职业介绍成功率的计算如公式（9）所示，它反映了职业介绍机构提供的职业介绍的有效性，失业人员职业介绍成功率越高表明失业保险制度通过职业介绍实现失业人员再就业的能力越强。2009 年北京市颁布的《鼓励职业中介机构开展公共就业服务的职业介绍补贴试行办法》中规定职业中介机构为城镇登记失业人员提供免费职业介绍并实现其稳定就业，可享受职业介绍补贴。如表 2 所示，2009 年以来北京市职业介绍成功率逐渐提高，通过职业中介机构提供职业介绍提高了职业介绍的有效性，发挥了促进失业人员再就业的作用。

$$\text{失业人员职业介绍成功率} = (\text{失业人员职业介绍成功人数} / \text{登记求职失业人数}) \times 100\% \quad (9)$$

四、综合评价

以上对 10 个评价指标的描述性分析，反映了 2005—2016 年北京市失业保险制度运行的概况，还需要进一步的实证分析反映 12 年间北京市失业保险制度运行的基本态势和发展趋势。由于失业保险制度的运行是多种因素综合作用的结果，因此采用线性多指标综合评价方法进行分析。首先运用 Z

–score 方法对以上10个评价指标进行无量纲化处理来消除单位不同对评价结果的影响。然后采用“变异系数法”计算出影响评价结果的10个评价指标的权重系数。最后运用评价指标处理值和权重系数计算出综合评价值，以此作为北京市失业保险制度运行的评价标准。

（一）评价指标的标准化

首先按照10个评价指标的顺序，假设 X_{ij} 表示第 i 年第 j 个指标的数值，其中 $i = 1,2,3,\cdots,m$，$j = 1,2,3,\cdots,n$。由于10个评价指标的单位不同，评价指标间不具有可比性，甚至会干扰最终的评价结果，因此运用 SPSS17.0 软件，采用 Z – score 标准化方法对数据进行无量纲化处理，如公式（10）所示：

$$X_{ij} = \frac{X_{ij} - \overline{X_j}}{S_j} \tag{10}$$

其中，$\overline{X_j} = \frac{1}{m}\sum_{j=1}^{n} X_{ij}$，$S_j = \sqrt{\frac{\sum_{i=1}^{m}(X_{ij} - \overline{X_j})^2}{m}}(j = 1,2,3,\cdots,n)$

表3　北京市失业保险制度运行综合评价指标的处理值

年份	城镇登记失业率	失业保险基金收入增速	失业保险基金支出增速	失业保险基金累计结余增速	失业保险基金人均累计结余	失业保险覆盖率	失业保险金受益率	失业保险金替代率	职业培训再就业率	失业人员职业介绍成功率
2005	2.0931	0.49	0.4669	0.5751	-0.8635	-1.2162	-0.3315	0.5968	0.373	0.0036
2006	1.7383	0.2047	-1.2529	1.301	-0.7482	-0.4862	-0.505	-0.2025	1.3971	0.3177
2007	1.1707	0.775	-1.4338	1.7338	-0.2255	-0.182	-0.5866	-0.6343	1.7233	0.4593
2008	1.0998	0.4986	0.7192	0.966	0.2171	0.058	-0.752	-0.6887	0.4509	0.2424
2009	-0.2483	-2.7026	0.9961	-0.7559	0.3019	0.1373	-0.9298	-0.4595	-0.2818	0.0311
2010	-0.4967	-0.6334	1.462	-1.2501	0.1237	0.4376	-0.993	-0.5337	0.987	1.2076
2011	-0.4257	0.4217	-0.2028	-1.0038	0.0507	0.7147	-0.7817	-0.2509	-0.0241	1.3386
2012	-0.8514	0.8956	-0.5202	-0.4991	0.1251	1.0787	-0.5812	-0.5057	0.1354	1.251
2013	-1.0643	0.4677	-0.169	-0.2936	0.5527	0.8281	-0.3867	-0.6888	-0.4864	0.9006
2014	-0.7095	-0.3682	-0.1143	-0.4251	0.9693	0.9612	0.0749	-0.6008	0.6761	-0.5665
2015	-0.4257	1.1176	0.2721	-0.1636	1.6046	1.049	0.2397	-0.5566	-0.0664	-0.2128
2016	-0.3548	-1.2914	1.6511	-1.0447	1.8303	1.0465	0.3834	-0.5991	-0.3782	-0.1989

如表3所示，进行标准化处理后的评价指标已统一度量标准，便于进一步的比较和分析。

（二）权重系数的确定

评价指标权重系数反映了评价指标的相对重要性，最终的综合评价结果依赖于权重系数。因而采用“变异系数法”进一步计算得出10个评价指标的权重系数，计算公式如方程（11）和方程（12）所示

$$C.V = (SD/MN) \times 100\% \tag{11}$$

$$W_j = S_j / |X_j| (j = 1,2,3,\cdots,n) \tag{12}$$

计算所得的结果为：W_j =（W1，W2，W3，W4，W5，W6，W7，W8，W9，W10）=（0.1978，0.9165，1.0491，0.6381，0.3417，0.1719，0.2665，0.0686，0.1688，0.1282）。

表4　　北京市失业保险制度运行综合评价指标描述统计量

	N	极小值	极大值	均值	标准差	权重系数
城镇登记失业率	12	1.21	2.1	1.55	0.31	0.1978
失业保险基金收入增速	12	-19.70	30.39	15.60	14.30	0.9165
失业保险基金支出增速	12	-12.16	44.21	16.89	17.72	1.0491
失业保险基金累计结余增速	12	5.98	54.81	25.27	16.12	0.6381
人均失业保险基金滚存结余	12	615.61	1986.55	1222.08	417.58	0.3417
失业保险覆盖率	12	52.64	98.35	84.21	14.47	0.1719
失业保险金受益率	12	20.78	46.25	31.21	8.32	0.2665
失业保险金替代率	12	12.16	15.32	12.80	0.88	0.0686
职业培训再就业率	12	36.86	61.38	46.42	7.84	0.1688
失业人员职业介绍成功率	12	49.19	72.46	60.97	7.82	0.1282

表4反映了评价指标的基本情况以及相应的权重系数，评价指标权重系数的计算结果表明，对北京市失业保险制度运行影响较大的指标依次是失业保险基金支出增速、失业保险基金收入增速和失业保险基金累计结余增速，这些评价指标与失业保险基金密切相关。

（三）综合评价值

根据评价指标处理值和权重系数进一步计算得出2005年到2016年北京市失业保险制度运行的综合评价值，计算公式如方程（13）所示。

$$Y_i = \sum_{j=1}^{n} W_j X_{ij} * (i = 1,2,\cdots,m) \tag{13}$$

由此得出各年的综合评价值分别为（$Y1$，$Y2$，$Y3$，$Y4$，$Y5$，$Y6$，$Y7$，$Y8$，$Y9$，$Y10$，$Y11$，$Y12$）＝（0.8375，－0.5846，0.1406，1.5115，－2.4650，－0.1036，0.8458，－0.3339，－0.2392，－0.4235，1.7489，0.7569）

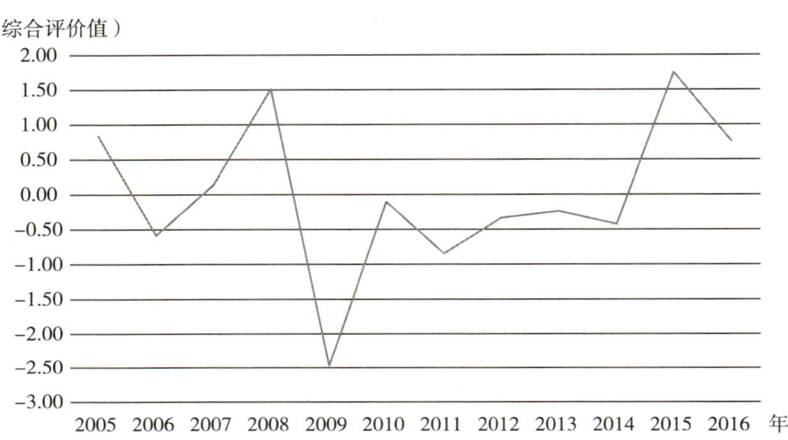

图 2　2005—2016 年北京市失业保险制度运行综合评价情况

如图 2 所示，相较于 2005 年，2006 年北京市开始扩大失业保险基金支出范围，带来了运行水平的提升，综合评价值逐渐增大。直到 2008 年的金融危机导致失业保险制度受到重创，运行水平陡然下降，综合评价值开始走低。为应对金融危机，北京市采取了一系列诸如降低失业保险费率，将社会保险补贴、稳岗补贴和职业技能提升补贴纳入基金支出范围等措施，失业保险制度运行水平逐渐回升，2009 年以后制度运行水平在波动中整体向好。总体来看，除受金融危机影响外，北京市失业保险制度运行的综合评价值在波动中逐渐提高，向着“保障生活，促进就业”的基本目标逐步靠近，2009 年以来，北京市失业保险制度运行整体呈现较好的发展态势。

五、存在的问题

根据评价指标权重系数显示，失业保险基金支出增速对失业保险制度运行影响最大。失业保险基金支出的增速与失业保险金支出和促进就业支出密切相关，失业保险金支出方面主要受失业保险金受益率和替代率影响，促进就业支出方面主要是较低的职业培训再就业率影响了运行水平的提升，因而从以下三个方面分析北京市失业保险制度运行存在的问题。

（一）失业保险金受益率和替代率偏低

2005 年到 2016 年北京市失业保险金的平均受益率为 31.21%，不到 1/3 的参保职工失业后可以获得基本生活保障，近年来失业保险金受益率虽然有所提升，但整体受益率水平仍然较低。2016 年北京市失业保险金受益率为 46.25%，超过一半的参保职工失业后无法获得失业保险金保障。考虑到城镇登记失业人数远低于实际失业人数，失业保险金受益率较之更低。

2005 年到 2016 年，北京市平均失业保险金替代率仅为 12.80%，近年来失业保险金的替代率甚至低于平均水平。而 1988 年国际劳工组织在《关于促进就业与失业保护公约》中规定若失业津贴不依据以前的缴费，则应不低于普通工人工资的 50%，北京市作为我国失业保险金水平较高的城市，其失业保险金替代率远远低于 50% 的标准。2016 年北京市平均失业保险金为 1266.5 元，仅相当于城镇居民人均可支配收入的 28.93%，占城镇居民人均消费性支出的 42.91%，这意味着即使失业人员将全部失业保险金用于消费，消费水平也不到人均消费性支出的一半。失业保险保障生活的功能实际上异化为了救助，无法有效保障失业人员的基本生活，也在一定程度上降低了失业保险制度的吸引力[9]。

（二）职业培训再就业率有待提高

2005 年到 2016 年的北京市平均职业培训再就业率为 46.42%，不到一半的失业人员可以通过职业培训实现再就业。而 2010 年《北京市职业培训补贴资金管理办法（试行）》中规定了 60% 的职业培训再就业率标准，2010 年以后的职业培训再就业率均未达到该标准。该管理办法还将城镇失业人员和农村转移就业劳动力开展职业技能培训的补贴纳入失业保险基金支出范围，职业培训成为失业保险基金投入的重点。职业培训补贴的目的在于通过对失业人员和职业培训机构的补贴，提高职业培训再就业率，实现失业人员再就业。但纵观近年来职业培训再就业率却呈现降低趋势，用于职业培训补贴的资金的增加未相应带来职业培训有效性的显著提高。

（三）参保对象和受益对象存在错位

北京市城镇登记失业率与失业保险金受益率在 2010 年之后形成一个“剪刀差”，且呈现逐年扩大的趋势。这表明城镇登记失业率与失业保险金受益率在一定程度上存在“两张皮”的问题，失业保险制度的瞄准度出现偏差，参保对象和受益对象出现了错位。参保对象和受益对象的错位实际是由模糊失业保险制度和劳动力市场政策的区别造成的，将未履行参保缴费的失业人员纳入了失业保险待遇的享受范围，违背了失业保险基金公共资金的性质，也降低了失业保险制度的瞄准度[10]。

六、对策建议

（一）提高失业保险金保障水平

2016 年北京市失业保险基金累计结余 221.5 亿元，按照 2016 年的失业保险基金支出水平，可用于 3.59 年的支付，远超出有关研究指出的 1 ~2 年较为合适的累计结余备付年数，较多的失业保险基金累计结余，为提高失业保险待遇提供了资金保障。因此应考量失业人员的失业前工资水平以及家庭人均消费支出的需要，提高失业保险金水平，满足失业人员基本生活的需要以达到保护劳动力的作用，从而增强失业保险制度的吸引力[11]。

（二）改善职业培训效率

一方面政府应加强培训机构之间的竞争，采取委托或购买方式，由非政府组织提供职业培训服务，提高职业培训的有效性。另一方面政府应进一步将职业培训补贴的发放与职业培训再就业率联系，北京市目前将能否达到 90% 合格率或 60% 再就业率作为全额补贴或 60% 补贴的标准，过于宽泛，可探索分段激励的方法，形成对职业培训机构有效的激励机制，提高职业培训再就业率，切实发挥促进失业人员再就业的作用。

（三）提高失业保险制度瞄准度

应坚持权利义务对等的原则，将失业保险缴费与失业保险待遇相关联来体现制度公平性。失业保险制度的受益对象应该是履行了缴费义务的参保单位和个人，应通过限定资格条件，使失业保险在有限的空间内发挥应有的作用。对于未缴费人员，则应由政府进行就业扶持，就业补助资金承担相应支出责任，同时可进一步探索未缴费人员的待遇制度。

在明确有资格享受失业保险待遇的人员范围后，应注重提高失业保险金受益率。不宜对履行了缴费义务的失业人员享受失业保险待遇要求过于苛刻，而对未履行缴费义务的人员过于慷慨，这既不符合失业保险基金来自于参保单位和个人的公共基金性质，又偏离了失业保险制度保障失业人员基本生活的初衷。并且应进一步合理划分失业保险基金和就业补助资金的支出范围，目前仅规定了两者有重复的项目，用人单位和个人不得同时享受，但未明确资金的支出责任归属和比例。因此应对失业保险基金用于促进就业的资金有比例或数额的限制，将失业保险基金支出瞄准于参保人员，以防止“剪刀差”的进一步扩大[12]。

七、结语

本文聚焦于北京市失业保险制度运行及其综合评价，从失业状况、基金收支情况和保障度三个方面构建评价指标体系，采用描述性分析和多指标线性综合评价方法研究北京市失业保险制度运行情况，发现2006年以来，除受经济危机影响外，制度运行水平整体逐渐提升。进而探究了制约运行水平提升的因素并提出了相关对策建议。2017年11月，人力资源和社会保障部发布的《失业保险条例（修订草案征求意见稿）》将职业技能提升补贴和稳定岗位补贴纳入了失业保险基金的支出范围，意在将现有的地方政策上升为国家行政法规，体现了国家层面注重就业的导向。基金投入的增加应注重产生的实际促进就业效果，坚持失业保险基金公共基金的性质，减少低效盲目扩大失业保险基金支出的行为。

参考文献

[1] 郑功成．中国社会保障制度变迁与评估［M］．北京：中国人民大

学出版社，2002，160 – 199.

［2］钱振伟，张艳．我国欠发达地区失业保险制度运行效率评价分析［A］．中国社会保障论坛组委会．和谐社会和社会保障［C］．北京：中国劳动社会保障出版社，2006，942 – 957.

［3］栗永锋．失业保险制度促进就业的综合评价及对策研究［J］．天津工程师范学院学报，2010，20（3）：53 – 56.

［4］陈涛．失业保险制度促进就业功能的综合评价及对策探讨［J］．人力资源管理，2011（3）：147 – 149.

［5］宋雪程．我国失业保险制度运行效应的整体分析——基于 1999—2013 年统计数据的实证分析［J］．公共治理评论，2015（2）：84 – 95.

［6］安锦．中国失业保险制度有效性评估体系构建及其运用［J］．兰州商学院学报，2010，26（3）：70 – 74.

［7］陈心颖．福建省失业保险制度状况评价［J］．华东经济管理，2011，25（8）：49 – 52.

［8］朱莉莉，褚福灵．我国失业保险制度运行状况评估研究——以北京市为例［J］．现代管理科学，2016（10）：88 – 90.

［9］杨翠迎，冯广刚．我国失业保险金功能异化及失业贫困问题分析——基于社会保障待遇梯度的比较视角［J］．云南社会科学，2014（1）：155 – 161.

［10］郑秉文．中国失业保险基金增长原因分析及其政策选择——从中外比较的角度兼论投资体制改革［J］．经济社会体制比较，2010（6）：1 – 20.

［11］李燕荣，谢婕．我国失业保险金标准及支付研究——基于北京市的实证［J］．特区经济，2014（8）：38 – 40.

［12］张彦丽．我国失业保险制度变迁历程研究［J］．商业研究，2012（11）：151 – 155.

基于风险管理理论视角的高校二级学院办公室工作创新研究*

◎吴振华

武汉大学政治与公共管理学院、武汉大学社会保障研究中心，湖北武汉，430072

摘　要：在“双一流”的建设背景下，高校承担着新时代的历史使命，高校的发展速度加快，给高校的行政体制改革和行政管理人员带来了发展的压力和动力。高校二级学院作为高校的主要的行政单位、教学单位和科研单位，其办公室作为二级学院的综合管理服务机构，起到协调各方、承上启下、上传下达、巩固发展的作用。风险管理理论在现代企业管理和政府管理模式中较为实用，运用较为成熟，将其应用于高校二级学院办公室，强化风险管理意识，建设相应的风险管理机制，是提高高校二级学院办公室工作能力和服务水平，促进二级学院办公室管理工作有效开展的创新途径。

关键词：高校　办公室　风险管理　预警机制

办公室工作如何与时俱进地实现管理科学化、执行效率化、服务满意

* 基金项目：教育部人文社会科学重点研究基地重大项目16JJD840007。

化是高等学校管理工作者研究的重点问题之一。《武汉大学教育事业发展“十三五”规划》明确指出：要“推进校院两级管理综合改革试点工作，进一步扩大和落实学院办学自主权，推动由‘以校办学为主’向‘以院办学为主’的转变，增强学院的办学特色、办学活力、核心竞争力和自我发展能力。”作为二级学院的综合管理和服务机构，办公室处于承上启下、沟通内外、协调各方的枢纽位置，为学院的教学、科研、学科建设、师资队伍建设等中心工作的开展提供重要保障和支持。在深化体制改革和加快建设步伐，增强学院的核心竞争力和自我发展能力背景下，二级学院办公室的工作水平、工作效率、工作效果对于学院发展的影响就显得更为重要。

本文拟将项目管理中的风险管理理念与高校二级学院办公室的工作结合起来，围绕高校二级学院办公室面临的风险类型展开讨论，试图探寻提高高校二级学院办公室工作效率和服务水平的新途径。

一、高校二级学院办公室的风险管理理念

风险管理（Risk Management），顾名思义就是对风险进行管理。风险管理是一个过程，即在一个组织内部，将组织所存在的风险以及组织可能存在的隐性风险和可能造成的不良影响降到最低甚至将其消除的一个动态管理过程。风险管理，包括对风险的识别、风险的评估、风险的规避等。风险管理在项目管理、企业管理乃至政府管理中都是一种比较成熟的管理思路和模式。①

高校二级学院办公室的风险管理即通过一系列的政策、措施等对高校二级学院办公室存在的风险进行管理，对即将面临的机遇和挑战进行分类和预案，确保整个学院健康、稳定和持续发展。高校二级学院内部进行风险管理有利于保护学院资产，维护学院形象，保护师生利益，使学院内部运行和对外交流都处于平稳、和谐的状态，从而使学院发展维持健康良好的秩序。值得强调的是，办公室工作的风险管理不同于危机管理，也不仅仅

---

① 阎春宁．风险管理学［M］．上海：上海大学出版社，2002.

指如何应对已经出现的风险，更多的是则指应对潜在机遇和挑战的积极态度及预警机制。

二、高校二级学院办公室加强风险管理的重要性

学院办公室作为高校二级学院的综合性管理机构，承担着全方位传达、实施、协调、督查、服务等职能，其管理水平直接关系到全院各项工作的正常运转，其工作效率直接影响到学校的改革进度与发展步伐；同时，也直观地反映出学院乃至学校的服务水平和精神风貌，折射出一所大学的校园文化、民众口碑、风貌气质乃至办学理念。而高校二级学院办公室的管理水平与工作效率均直接受制于学院的管理理念和管理模式。

高校二级学院是承上启下的基础单位，应该紧紧跟上“双一流”的建设步伐，正确看待风险、强化风险意识、加强风险管理，这是高校二级学院办公室推进工作创新，乃至助力学院发展的关键性因素。

（一）加强风险管理有助于提高二级学院行政人员素质

在高校不断深化改革的形势下，院系已成为相对独立的教学和科研单位。随着管理重心下移，院系办公室工作内容不断增加，由传统的教务和学生管理工作逐步拓展到教学、科研、科技开发、图书资料、师生管理和后勤服务等诸多方面的组织、协调、服务、管理、对外联络等具体工作。工作范畴的扩大，意味着二级学院将面临更多的行政事务，这对学院办公室行政人员的综合素质提出了更高的要求。强化风险意识，加强风险管理，有助于提升二级学院行政人员的危机意识和主动性，进而提高人员素质。

（二）加强风险管理有助于减轻二级学院行政人员压力

“凡事预则立，不预则废。”当前高校改革步伐加快，改革进程加深，对于二级学院来讲，需要时刻紧跟高校的发展步伐，甚至更积极主动地参与谋划工作。强化风险意识，加强风险管理，有助于加强二级学院行政人员面对形势变化的应对能力和适应能力。对困难和挑战做好心理预期和工作准备，有助于减轻二级学院行政人员的心理压力和工作压力，提升工作幸福度。

（三）加强风险管理有助于加快二级学院自身发展步伐

在激烈的学科竞争和高校竞争中，在院系二级财政体制改革的模式下，学院的发展也如逆水行舟，不进则退。二级学院办公室的服务水平和服务能力直接影响着学院的文化氛围、院风基调和师生们的科研教学质量。强化风险意识，加强风险管理，营造健康良好的院系环境和积极向上的院系文化，有助于加快二级学院自身的发展步伐。

（四）加强风险管理有助于提升高校的核心竞争力

目前，中国教育界普遍认为高等教育具有人才培养、科学研究、社会服务、文化传承与创新四大核心职能。因此，高等教育的核心竞争力主要包括人才培养能力、科学研究能力、社会服务能力、文化传承与创新能力四个方面。而二级学院作为人才培养、科学研究、社会服务、传承与创新文化的前沿阵地和窗口单位，强化风险意识，加强风险管理，有助于盘活学院的生机与活力，提高二级学院的教学质量，提速二级学院的科研产出，从而推升高校的核心竞争力。

三、当下高校二级学院办公室的主要风险现状

近日，THES、QS、软科等世界大学排名相继发布，每个排行榜都有数十所中国高校入围，而且相比前几年，大多数中国高校进步明显。近年来，我国高校在建设一流大学的过程中，取得了显著的成效，获得了国际教育界的认可。在“双一流”的建设背景下，高校的发展速度加快，高校的行政体制改革和行政管理人员队伍也遇到了空前良好的发展机遇。但“居安思危”，高校二级学院办公室工作也面临着新形势、新机遇、新挑战、新风险。主要面临的风险有：

（一）日益复杂的意识形态冲击与院风建设之间的风险

随着我国社会改革进入深水区，社会也处于转型的关键时期，由此带来了人们的生活方式、行为方式和价值观念的深刻变革。在社会主义市场经济条件下，人们的价值观念中既包含符合社会主义价值观念的积极因素，也包含逐利、拜金等消极因素。尤其在开放自由的校园环境中，中西方文

化交流和融合不断向纵深拓展，各种文化思潮涌入校园，多元价值取向对师生的主流意识形态产生了冲击。对校园意识形态时刻保持敏感性、警觉性、警惕性，是营造和谐院风、打造纯净校园环境的必然要求。

（二）不断提升的国际融合趋势与思维固化之间的风险

经济全球化的进程加快也不断推进着教育的国际化，尤其是大学的国际化，一流的大学应更主动、更积极地参与国际合作办学、参与国际科研竞争。随着国际化办学程度的加深，高校需要将“国际的维度”整合到教学、研究和服务等诸项功能中。作为高校基本服务成单位的二级学院，将更直接地面对国际化的挑战。这就需要二级学院办公室与时俱进地加强国际化意识，摈弃故步自封的思维方式，主动迎接国际化、全球化的挑战。

（三）日趋激烈的学科竞争压力与配套服务之间的风险

在“双一流”建设背景下，各高校加快了世界一流大学和一流学科的建设步伐，学科竞争压力日趋激烈。高校的不同二级学院隶属于不同的学科背景，有着各自不同的历史基础和发展机遇。但无论处于何种发展位次，二级学院办公室高效的行政服务水平和良好的综合协调能力都是学院学科发展强劲有力的后盾和保障。迟缓、低效、拖沓的行政办公水平也势必影响学院师生的工作情绪和科研产出，影响二级学院学科建设的积极性和创新性。

四、如何提高高校二级学院办公室的风险管理水平

风险管理的实质是一种动态管理，因为机遇和挑战会随着形势的改变而出现，此时更多的是需要一种预警和预判。“变则通，通则久”，高校二级学院办公室工作具有一定的重复性，但在风险管理理念的指导下，更强调创新性，强调与时俱进，这就要求二级学院办公室人员要善于“在不变中求变化”，紧跟时代趋势，时刻保持敏感度，积极探索研究，创新工作思路，改进工作方法，提高工作效率，推陈出新。

（一）加大对国家教育改革政策的关注力度，增强时事敏感性

高校二级学院办公室的工作任务很大程度上来自于学校行政部门的下

达。在信息传达的路径中，不可避免地会有时间的消耗，于是二级学院往往出现接到学校紧急任务时需要加班加点的现象。强化风险意识，即要在日常工作中善于耳聪目明的“抬头看路”，注意拓宽自己的战略视野，时刻关注国家的大政方针政策，时刻牢记学校、学院的计划纲要、“五年规划”、年度中心任务，这样在工作中既能得心应手地做好常规工作的落实，又能从容不迫地做好紧急工作的安排，还能有的放矢地做好长远工作的规划。

（二）加大向国际国内先进经验的学习力度，增强学习连续性

发达国家的高校十分重视行政管理人员的业务进修，积极为其提供专业培训机会，如美国设置了多种机构举办的学校管理人员培训，其组织形式有传统模式、讲习会模式、以能力为基础的培训模式、在职培训专业学院模式等。借鉴发达国家的先进经验，以大学行政管理人员的职业化、专业化、高效化为目标，加强二级学院办公室行政管理人员的继续教育和业务培训，形成在编在岗人员的岗位培训制度化、经常化，并使之形成学习的连续性和习惯性，提升国际化水平，提升综合素质和综合能力，有利于增强办公室应对风险能力和迎接挑战能力。例如，政治与公共管理学院曾组织办公室人员前往清华大学公共管理学院和中山大学政务管理学院开展工作学习和交流，了解了兄弟院校同一学科的行政服务效率，使学院行政人员受益颇丰。

（三）加强对二级学院行政团队的建设力度，增强团队战斗力

二级学院办公室团队每个成员的工作能力分布不均。一个结构基本合理的管理团队应该有各种角色，比如领导者、实干者、协调者、推进者、监督者等。各种角色具有各自的特点，只有做到互不排斥、各司其职、互相补充，充分发挥各自的优势，才能形成一个具有高效执行力的管理团队。

在二级学院办公室的团队建设中，应注重协调好知识结构、年龄结构、性别结构，合理分配工作任务，使团队每个人都拥有与自身能力相吻合、与业务水平相对应的角色定位，人尽其才，才能扬长避短，充分发挥每个人的潜力，提高管理效能。只有建设了一支卓越的学院办公室团队，才能更好地应对各种机遇和挑战，更好地消除风险的不良效应，满足新形势下

高等教育改革与创新发展的需要，也才能更好地达到学校“双一流”建设的更高要求。

（四）重视与师生员工服务对象的沟通力度，增强用户满意度

二级学院办公室人员名义上为行政管理人员，实质上是师生的服务人员。构建和谐、健康、融洽的院风，共同营造温馨、友善、务实的工作环境，有利于内部风险的化解和消除，有助于避免非正式沟通中引起不必要的矛盾与误解，学院上下相互协同、密切配合，以最少的管理成本、最高的效率去实现有效的沟通，使师生在学院“改革、发展、稳定”的关系中共同进步。

为院领导服务，要做好领导的帮手和参谋，时刻追踪前沿动向，及时领会领导的意图，跟随领导的思路开展各项工作。

为教师服务，要做好后勤工作，树立为教师服务的正确思想，与教师建立和谐的关系，及时向教师传递有关院校的相关信息，热情地在职称申报、岗位晋升、财务报销、项目申报、师资培训、年度考核以及职工福利等方面为教师提供帮助。

为学生提供服务，要时刻注意自己的一言一行，传播正能量，耐心解答学生的问题，保证在学分、处分、评奖评优以及学位授予等方面做到有章可依，用积极乐观、爱岗敬业、乐于奉献、敢于创新的态度教育学生和影响学生。

参考文献

[1] 黄达人．大学需要经营——大学的观念与实践［M］．北京：商务印书馆，2011：35

[2] 曾令辉，石丽琴．风险社会理论在高校风险管理中的应用与发展——兼论高校风险管理机制创新发展［J］．思想政治教育研究，2012，28（2）：34－37.

[3] 罗菲，蔡英明．综合改革下高校院系办公室工作思考［J］．办公室业务，2016（8）：23－33.

［4］李新．关于加强高校风险管理体系建设工作的思考［J］．当代经济，2016（34）：120－121.

中国环境治理研究述评及前景展望

◎赵红梅　李梦莹

湖北大学政法与公共管理学院，湖北武汉，430062

摘　要：中国环境治理从粗糙的技术开始，走向经济学、政治学、行政学、环境社会学、法学、景观规划学、环境伦理学、环境哲学、环境美学、公共管理学等多学科、多角度的交叉汇集，显示了越来越强盛的解决环境问题的智力方阵。但是，随着环境治理的政府失灵、市场失灵和治理失灵，人们开始反思与审视环境治理理论与实践。本文在对中国环境治理进行梳理与评价的基础上，提出了“环境优先”的环境治理新理念。环境优先意味着对环境的敬畏与尊重、聆听与分享，也意味着对身处环境中人的敬畏与尊重。

关键词：环境优先　环境治理　前景展望　述评

我们所处的时代充满了矛盾与张力：一方面，我们互相依存，国与国之间、人与自然、人与人、人与社会之间的关系日益密切；另一方面，现代化大生产及现代人生活方式带来的生态危机、环境危机，表明了人与人、人与社会、人与自然关系的失调，环境问题日渐凸显突出。为此，学者们纷纷开展了环境治理问题的探讨。

一、中国环境治理研究简梳

通过现实观察及大量检索环境及环境治理方面的研究文献，我们发现环境治理研究始于 20 世纪 80 年代，这个阶段的环境治理的零星研究侧重于从环境问题出发，习惯于从技术层面寻找环境污染的原因及对噪声、工厂“三废”等环境问题的技术化解。环境治理研究者主要是环境保护部门的工作人员，环境治理研究比较被动，缺乏主动设计，并且大众知晓度低。

20 世纪 90 年代，环境治理研究的经济学视角凸显，“环境”与“效率”的关系成为政府及企业关心的焦点。“环境污染费用的分摊”“谁污染谁治理”“谁污染谁付费”“环境保护与环境补偿”等成为研究的热点，经济手段被认为是撬动环境治理的杠杆，环境治理呈现“罚款依赖症”。李胜则通过对两型社会环境治理政策中参与人之间的博弈分析，指出中央政府提高环境监督和惩治的水平、地方政府的合作以及公众参与是环境治理的决定性因素。① 史耀波、任勇在《收入差距、流动成本与地区环境治理》中提到“首先就环境责任本身而言，其也具有典型的多元性”，希望通过提高资源环境税税率、降低个人所得税税率，以及将“谁污染，谁治理”原则与“谁使用环境产品，谁付费”原则结合起来的政策设计来强化环境的责任体系，借以缓解环境危机。②

21 世纪初是中国环境治理研究的升温期，研究者从政治学、经济学、法学、社会学、行政学、公共管理学、城市规划学、城市经济学、城市地理学、城市生态学等多学科切入环境治理这一话题，并从多元视角解释了“环境治理”这个概念。目前有关环境治理的如下观点较为流行：环境治理的目的是要解决环境污染和生态破坏所造成的各种环境问题，保证环境安全，实现社会经济的可持续发展；环境治理的途径是各级政府机关和管理部门按照国家和当地的环境政策以及环境法律法规，从环境与发展综合决

① 李胜．两型社会环境治理的政策设计——基于参与人联盟与对抗的博弈分析［J］．财经理论与实践，2009（5）．

② 史耀波，任勇．收入差距、流动成本与地区环境治理［J］．生态经济，2007（9）．

策着手，运用法律、经济、行政、技术和教育等手段，调控社会生产生活行为，协调经济社会发展与环境保护之间的关系，限制人类损害环境质量的有关行为，鼓励环境友好型行为与活动；环境治理的内容即生态环境治理，它包括大气污染治理、水污染治理、固体废弃物治理、噪声污染治理等，涉及社会、经济和自然环境等所有领域，内容具有广泛性、综合性和复杂性；环境治理的领域包括城市环境治理、区域环境治理、社区环境治理以及地方环境治理、全球环境治理；环境治理的关键是要遵循生态规律和经济规律，正确处理好经济增长与环境保护之间的关系；环境治理的核心是对人类行为的治理，人的各种行为是产生环境问题的根本原因，因此有效解决各种环境问题就要从治理人的行为入手，人在环境治理中既是治理主体，又是治理客体，环境治理的实质就是要限制人破坏环境的行为。

这个阶段还形成了环境治理的“制度分析”“政策选择”“政府职责”“政府行为”“经济学分析”“机制探讨”“企业参与”等研究焦点。李雪松、高鑫也主张，环境治理应当构建以政府为主导的新兴市场机制和利益平衡机制，培育环境治理的专业市场，以治理收益来补偿治理成本，实现生态效益、经济效益和社会效益的统一。[①] 杨妍主张公民环境参与和环境非政府组织的参与机制对环境治理有着积极的促进作用，环境市民社会的完善和发展是环境善治实现的基础。[②] 童志锋黄家亮通过对当前环境治理面临着双重困境，即环境侵权的模糊性困境和环境司法的体制性困境的分析，指出环境治理的改善不仅要完善政府治理机制，而且还要激活民间治理机制，只有“双管齐下”才能最大限度地克服“双重困境”，推动环境治理在法治的轨道上顺利前进。[③] 但此时环境治理的工具性研究较多，而环境治理的价值研究明显不够，对环境问题的文化批判较弱，环境治理的理论深度与制度创新尚需挖潜。

---

① 樊根耀．生态环境治理制度研究述评［J］．西北农林科技大学学报，2003（4）．

② 杨妍．环境公民社会与环境治理体制的发展［J］．新视野，2009（4）．

③ 童志锋，黄家亮．通过法律的环境治理：“双重困境”与“双管齐下”［J］．湖南社会科学，2008（3）．

2004年始，“环境治理模式”被引入环境治理的研讨中。[①]“非政府组织在环境治理中的功能”“多中心合作治理”“公众参与”“参与式环境治理”“自律式环境治理”等文章诠释着“环境治理模式”的内容，并将环境治理的模式划分为“政府直接控制治理模式”“市场化管理模式”和“资源治理模式”。复旦大学的李瑞昌在《理顺我国环境治理网络的府际关系》一文中指出我国现行的环境治理中的政府关系模式存在诸多问题，包括政府间横向关系中，环保部门与其他职能部门的职能交叉以及环境部门内在的职能冲突，以及政府间纵向关系中，环保部的集权造成其与省级政府难以协调，而地方环保局也处于环保部和地方政府的双重压力下很难有效地开展工作。针对这些问题，文章提出了合作协管的多样主体参与下的合作治理网络。就目前而言，部委之间横向沟通增强依然只有两种方式：一是继续升格环保部在国务院的地位，如环保部部长能参加国务院常委会议等，以增加环保部作为关键行动者的行动能力和资源。二是在国务院建立环境与资源协调工作小组，由国务院副总理或国务委员兼任主任，以增加行政权威。[②]

近五年来，随着环境治理的“政府失灵”“市场失灵”和“治理失灵”，研究者一方面反思环境治理的成效与困境，另一方面对“环境治理模式”进行更为精细化的补充与修缮。张连国在协同学的意义上，通过对生态理性经济人协同人与自然生态系统的物质循环、能量转换和信息传递能力的分析，探讨了“生态协同治理的能力”，明确指出生态制度约束下的社会协同治理是社会生态生产力形成的核心，为环境治理领域公民社会的发

---

① 吕承华．环境治理范式的演进与环境自觉行动［J］．中国环境管理丛书，2004（3）．朱留财．从西方环境治理范式透视科学发展观［J］．中国地质大学学报，2006（9）．任志宏．公共治理新模式与环境治理方式的创新［J］．学术研究，2006（9）．黄栋．利益相关者与城市生态环境的共同治理［J］．中国行政管理，2006（8）．

② 李瑞昌．理顺我国环境治理网络的府际关系［J］．广东行政学院学报，2008（12）．

展提供了理论支持。[①]《整体性治理对我国海洋环境环境管理体制改革的启示》[②]《政府环境管制的研究述评》[③]《环境治理模式研究综述》[④]《论全球环境治理模式的困境与突破》[⑤]《从参与治理到合作治理：我国环境治理模式的转型》[⑥]《治理理论的本质及其实现逻辑》[⑦] 等文章重点突出"整体性治理""协同治理""多元共治""包容性治理""元治理""网络治理""合作型环境治理""协作性环境治理""环境治理中的协商民主"等理念，展示了中国学者环境治理模式研究的新进展，遗憾的是在环境治理的解读上在一定程度上西化倾向明显，环境治理的内生性、民族性缺失。

二、中国"环境治理"研究简评

从 20 世纪 90 年代开始，关于环境、环境治理的新闻、学术论文、报告、著作、学位论文、学术会议等大量涌现，逐渐形成环境治理的研究热潮。城市环境治理、区域环境治理、社区环境治理以及地方环境治理、全球环境治理逐渐展开并成为学者们研究的对象。环境治理如今已成为国家治理现代化的重要组成部分。

目前，无论是国外环境治理还是国内环境治理，都存在相似的误区，即把"环境"置换成"环境问题"，大多数环境治理方案基于环境对社会造成的问题，而不是反思社会自身与环境不谐和而产生的问题。除此之外，环境治理研究的不足有二：第一，环境治理的工具性研究较多，而环境治理的价值研究明显不够。环境治理强调依于法而忽略伦理的功能，环境治理显现出"强迫性"——强迫自然环境和强迫具有审美感知力的人类。第

① 张连国．生态生产力：自然生态生产力与生态理性经纪人的生态治理能力的协同［J］．生产力研究，2008（16）．

② 吕建华．整体性治理对我国海洋环境环境管理体制改革的启示［J］．中国行政管理，2012（5）．

③ 魏娜．政府环境管制的研究述评［J］．领导科学，2015（11）．

④ 高明等．环境治理模式研究综述［J］．北京工业大学学报，2015（12）．

⑤ 殷杰兰．论全球环境治理模式的困境与突破［J］．国外社会科学，2016（9）．

⑥ 俞海山．从参与治理到合作治理：我国环境治理模式的转型［J］．江汉论坛，2017（4）．

⑦ 王刚等．治理理论的本质及其实现逻辑［J］．求实，2017（3）．

二，环境治理实践与理论均存在轻视环境谈治理的偏颇。“环境”在“协同”“协商”“共治”“合作”等治理模式中是缺位的或隐而不显的。这是环境治理理论与实践的不足，也是治理理论的缺失，更是对“治”本身所蕴含哲理的怠慢。

其实，环境之于人类是“生命共同体”，自然环境不是“僵尸”，自然事物都有美与善的趋向，自然事物的生长过程，就是美与善的显现过程。人类身处环境之中，是环境的守护者。人与环境协同共生。环境治理敬畏与尊重环境，据学者研究表明，从20世纪70年代开始，日本、美国、德国、瑞士等发达国家纷纷对水环境进行整治。进入21世纪以来，上述国家对水环境治理思路进行反思，提出了生态治水的新理念，即尊重河湖系统的自然规律，注重对自然生态和自然环境的恢复和保护，达于人与环境的和谐相处。所以，谈环境不能不谈人和人在环境中的地位和作用。环境治理不同于政府治理，不能照搬政府治理的模板。同时，环境治理不能简单地等同于治理环境问题，环境治理的发端在“环境”。环境治理的路径、内容、核心、目的必须紧紧围绕环境来把握与定位。这就提醒我们必须身临环境、聆听环境、尊重环境、俯身环境、感觉环境。“真正有效的解决方案绝对不能把自然放在一边，更不可能拿什么来替代她，而只能通过创造条件，让我们像大自然一样去思考、去采取行动来实现。”① 环境治理是基于环境的治理。离开环境谈治理，是环境治理中的“自言自语”和“独白”。我们必须突破环境治理中的“重法缺德”现象，我们必须倡导环境治更换法德并举观，通过法治与德治并重，提升环境治理的效能。

三、中国环境治理的前景展望

Mol，Arthur P. J. 和 Carter，Neil T. 在“变迁中的中国的环境治理”（*China's environmental governance in transition*）一文指出：面对空前的经济和工业发展水平，中国正在迅速地完善着自己的环境治理体系，对过去传统

① ［英］托尼·朱尼珀．大自然为我们做了些什么［M］．重庆：重庆大学出版社，2014.

的命令——控制型环境政策正进行着措施、工具和法律规定等方面的变革。本文认为未来的环境治理必须从观念、范式和轴心三个层面开展变革。

（一）观念：环境优先的环境治理

1. 什么是环境

环境美学大家陈望衡指出，环境就是“环人之境”，“环境最根本的性质是与人的不可分离的关系，环境既是人的生存、发展的空间，又是人的生存、发展的源泉。”① 环境不仅指向资源，就其本质来说，是人的家园……在居住的意义上，环境可分为宜居、利居和乐居三个层面……生活是环境美学的主题。② 环境不等于静观的对象，它是动态的具有连续性的存在。环境关乎人类居住方式。环境的本质是居住。环境与人紧密相连，彼此贯通。人并不外在于环境，人与环境处于“欣赏性交融”之中，环境甚至就是人的身体乃至生命的一部分。我们对环境的敏感、尊重、敬畏和谦逊对身体和精神的生存至关重要。“自然拥有重塑的力量，可以影响我们的感官和智力；我们的身体、心理和精神健康，还有我们与家庭、朋友和多层次的社会团体间的联系。”③

当然，环境美学的角度审视环境与环境伦理学的角度审视环境有差异：前者注意审美体验，后者强调审美责任；环境经济学角度与环境政治学角度审视环境有差异：前者关注环境与经济效率的关系，后者注重环境对国家安全、体制的影响。环境治理中的环境，首先是多学科交叉下要审视的观念。其次，环境治理中的环境正如环境具有多样性、多元化、随时间变化的特征一样，环境治理中的环境必须具有多维特征。最后，环境不是治理的对象，而是治理的伙伴，环境治理不应该是面对环境而应该是面向环境，环境治理不能等同于治理环境。正如政府治理中政府具有优先性一样，环境治理中环境具有优先性。新时代的环境治理必须立足于“环境”谈“治理”，将环境置于价值优先的位置，倡导“环境优先”“环境协同”“环

---

① 陈望衡．培植一种环境美学［J］．湖南社会科学，2000（5）．

② 陈望衡．环境美学是什么？［J］．郑州大学学报（哲学社会科学版），2014（1）．

③ ［美］理查德·洛夫．自然法则［M］．北京：新世界出版社，2015.

境协商”“环境共生”等因循环境的治理理念。

2. 环境优先三层解

（1）为什么环境优先

如果说亨廷顿提出“文明冲突论”是基于时代情绪的把握，那么“环境优先论”是基于时代“共同体文明”的把握。全球化时代，人们所期待的是“人类命运共同体”“文化共同体”“伦理共同体”“社区共同体”“经济共同体”等“共同体”。种种“共同体”论调的背后，是对整体主义的辩证回归，是对万物与我并生的“环境”概念的深深体会。离开环境谈治理，一方面过度文明的地域容易导致强式人类中心论；另一方面过度野蛮的文化容易导致黑暗邪恶和恐怖。两都都显现出一种环境治理中的“自言自语”和“独白”。为了提升环境治理现代化的文明程度，我们必须提出环境优先的环境治理理念，弱化强式人类中心与黑暗邪恶之粗俗文化带来的环境治理失灵问题。

（2）环境优先指什么

其一，谈环境治理时重视环境、不忽略环境、处处强调环境；其二，谈环境治理必须基于环境体验和很棒的环境感知力。全球化时代，人间仙境大家趋之若鹜，雾霾天气大家纷纷躲闪。无论是前者还是后者，历环境多者、思环境多者、审环境多者，环境感知力超乎他人。环境体验和环境感知力是环境治理之道的重要源头。其三，环境治理实践必须随环境“窈窕”，不能随便与强迫环境。成功的校园环境治理“经典”如武汉大学的樱花城堡，城堡建筑依山而建，靠山安居，室外不张扬，室内别有洞天。

（3）环境优先如何达成

其一，知环境，通过现代先进科学技术测量、勘探、钻孔、绘图等手段，使环境显现于世人眼前心中，让环境关涉人对自己面对的环境有所认知和了解。其二，培养“环境优先”的情素。情放于环境、审美于环境、沉醉于环境、担责于环境，寻找诗意栖居地。其三，打造融历史、地理、文化于一体并个性味凸显的城市景观或农业景观这种典型环境。通过典型景观的营造彰显地域文化。

（二）范式：协同共生的环境治理

环境治理范式的转型意味着环境治理内核的变更。目前，虽然环境治理的文献甚多，但环境治理模式的研究因为移植“政府治理”“市场治理”的模板呈现出“重治理轻环境”“重工具轻价值”的现象。另外，环境治理的“协同论”“参与论”“多中心论”“整体论”虽然迭出，但一般都囿于控制环境而不是与环境合作共生的强烈意愿。人与环境是协同共生的“生命共同体”。我们必须让环境、政府、市场、社会等处于协同共存状态。

“协同共生”的环境治理范式不同于参与论，也不同于多中心论，“协同共生”强调的是“协同”前提下的“共生”。它不同于政府为中心的治理理论、不同于市场为中心的治理理论，也不同于社会为中心的治理理论，而是强调政府、市场、社会、公民，乃至万物并作、万物并行而不相害的环境治理新路径。这种环境治理范式环境味最浓。

（三）轴心：以提升治理能力为中心的环境治理

能力的提升是环境治理的拱心石。梅里利·S. 格林德尔主编的《打造一个好政府》是一本专门探讨政府能力建设的学术著作，该书主张，政府能力应该包括政府的人员、组织与制度能力，因而能力建设就要从这三个方面着手进行，即人员的开发、组织的强化与制度的建设。

本文认为，政府治理能力现代化有三层结构：信任与治理、合作与治理、自治与治理。信任不是盲从、信任不是任情也不是任性。成熟的信任是基于理性认识、审视、判断之上的坚持、坚守与依恋。这种信任带着力、运着劲。

环境治理中的合作不是合并、吞并，合作是个性的协作共生，是双赢、多赢和共赢。合作需要试探、沟通、碰撞、耐力和弹性，合作是反复实践基础上的“自由滑行”和“无缝对接”。

环境治理能力现代化的最高阶段就是自治。如果说信任治理带有基质主义哲学气质、合作治理衍生分析哲学的韵味，那么自治治理强调的是解构主义之后的单子的重要性。每一个公民、每一个单位人、每一位官员和商人都存在于精细化、风格化的自治治理中。

环境治理能力的关键元素是环境治理者的素养问题。环境治理能力包括环境治理中的认知力、倾向力、判断力、批判力、影响力、规范力、引导力、稳定力等。环境治理能力与环境治理者的素养密切联系。具有现代理念的环境治理者首先必须拥有对环境的敬畏与尊重的素养，其次必须拥有对环境的认知与感知、欣赏与体验的素养，最后必须拥有对环境公正、环境正义、环境责任的了解与担当的素养。也就是说，环境治理必须法治与德治并举。《道德经》说："人法地、地法天、天法道、道法自然"。法德，法德，法于德。这个德存在于人与人之间，也存在于自然之中。"树德常新""德禽"之谓也；德法，德法，就是得法，心中有法。故环境治理中的法治与德治必须并举同步，环境治理才能从失灵中走出来。